Contraste insuffisant
NF Z 43-120-14

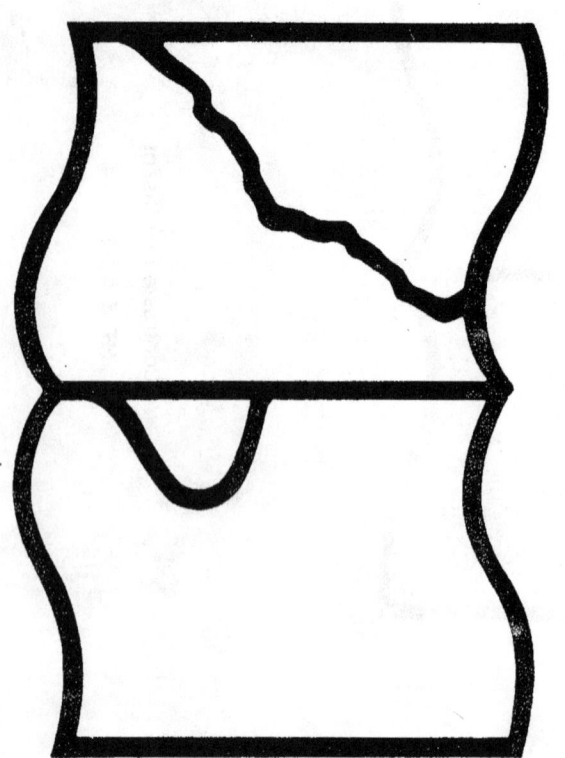

Texte détérioré — reliure défectueuse
NF Z 43-120-11

RECHERCHES

SUR LA THÉORIE

DE LA MUSIQUE.

RECHERCHES
UR LA THÉORIE
DE LA MUSIQUE,
AR M. JAMARD,

hanoine Régulier de Ste. Géneviève, Prieur de Roquefort, Membre de l'Académie des Sciences, Belles-Lettres & Arts de Rouen.

Hos natura modos primum dedit,
     Virg. Georg.

A PARIS,
hez { JOMBERT, Libraire du Roi pour l'Artillerie & le Génie, rue Dauphine.
MÉRIGOT pere & fils, Quai des Augustins.

A ROUEN,
hez ET. VINC. MACHUEL, rue S. Lo, vis-à-vis le Palais.

M. DCC. LXIX.
Avec Approbation & Privilége du Roi.

PRÉFACE.

QUE d'Epicycles! Que de mouvemens qui s'entre-détruisent dans la machine de l'Univers! s'écrioit un Roi astronome, dans le temps que le véritable système du monde n'étoit pas même encore soupçonné. Ne pourroit-on pas dire aussi de nos jours: que de regles & que d'exceptions dans la théorie & dans la pratique de la Musique! Si ce grand nombre de moyens si compliqués qu'employoient autrefois les Astronomes pour représenter les phénomènes célestes étoit une preuve presqu'assurée qu'ils les représentoient mal, le grand nombre de regles & d'exceptions qu'on a été obligé d'établir pour faire ressortir d'un seul principe la plûpart des phénomènes musicaux, ne prouve-t'il pas aussi que ces phénomènes n'en ressortissent pas réellement, & qu'il est nécessaire d'en rechercher un autre avec lequel ils se lient plus naturellement qu'avec la résonnance multiple du corps sonore? Le système de Copernic une fois tra-

PRÉFACE.

cé, tous les mouvemens célestes deviennent nécessairement ce qu'ils sont (a). La théorie de la Musique étant une fois ce qu'elle doit être, la nature & l'art ne doivent plus se trouver en contradiction; l'art doit s'emparer de toutes les richesses de la nature pour les rendre avec la plus grande précision, & ces richesses ne doivent avoir d'autres bornes que celles de nos sensations. Tout doit être regle, rien ne doit être exception, ou plutôt il ne doit y avoir dans cette théorie qu'une seule regle, de laquelle toutes les autres doivent naturellement se déduire.

Depuis plusieurs années nous nous flattons en France qu'un de nos compatriotes a découvert les vrais principes de l'harmonie. L'auteur célebre de cette découverte, celui des Musiciens dont la France doit le plus se glorifier, comme ayant le mieux réussi dans la pratique de son art, prétend que la basse fondamentale est le principe de la mélodie, & que l'harmonie suggere la mélodie. La mélodie a donc dû gagner à la découverte des principes de l'harmonie : la plus belle harmonie doit donc suggérer la mélodie la plus agréa-

---

(a) Je ne puis m'empêcher de faire ici cette réfléxion. Si le corps humain étoit connu aussi parfaitement que notre monde planétaire, l'un paroîtroit bien-tôt aussi simple que l'autre. Quel sera le nouveau Copernic qui détruira cette machine si compliquée, à laquelle on ajoute tous les jours de nouveaux épicycles ; & qui nous la fera voir aussi simple qu'elle l'est en effet ?

PRÉFACE. iij

ble, ou plutôt les vrais principes de l'harmonie doivent être également les principes de la mélodie; & ces principes doivent former une théorie complette de tout l'art musical. Il est donc à présumer que la Musique de nos compatriotes qui ont étudié cette théorie doit être supérieure à celle dont les compositeurs n'ont point été imbus des mêmes principes. Cependant écoutons nos concerts, nous serons surpris de n'entendre d'autre musique que celle que les Italiens nous ont apporté de leur pays, & dont les compositeurs n'ont pas même eu la plus légere idée de ces principes. Consultons les deux hommes les plus en état de nous éclairer sur la valeur de la musique faite par nos compatriotes; demandons à M. d'Alembert & à M. Rousseau ce qu'on doit en penser: ils nous répondront l'un & l'autre que nous n'avons pas de musique: que ce que nous appellons de la musique n'est que du bruit & rien de plus: tous les deux nous diront que la musique est un art particulier aux Italiens, & qu'il n'y a aucun moyen de comparaison entre leurs compositions & les nôtres. Faudra-t'il donc conclure que la science de la musique est pour nous, mais que l'art appartient tout entier aux Italiens? Quoi, seroit-il naturel de croire que la théorie ne puisse point subsister avec la pratique? Les Italiens sans s'astreindre à l'observation rigoureuse d'aucun précepte, en ne

PRÉFACE.

confultant que leur oreille, ou en ne fuivant que les mouvemens de leur cœur, font de la mufique; & nous qui par-deffus eux avons encore des principes, nous n'en pouvons faire; n'eft-ce point une preuve que nous avons les principes de trop ? Car puifqu'il y a en France des hommes qui favent fentir & exprimer ce qu'ils fentent auffi-bien qu'en Italie, n'eft-il pas vraifemblable que ces hommes feroient de la mufique auffi-bien que les Italiens s'ils vouloient s'en tenir au petit nombre de regles que les maîtres ont coutume de donner en Italie à leurs éleves, & ne confulter d'ailleurs que leur cœur & leur oreille ?

Mais ces principes ne font de trop, fans doute, que parce qu'ils ne font point les vrais principes de l'harmonie; que parce qu'à la véritable théorie de la mufique on en a fubftitué une purement arbitraire, qui peut avoir quelque chofe de commun avec la véritable, mais à laquelle on a ajouté un grand nombre de regles qui lui font abfolument étrangeres; car puifqu'au lieu de conduire le Muficien vers le but auquel il doit tendre, ces principes l'égarent continuellement, de maniere même à l'empêcher d'y parvenir jamais; il me paroît très-raifonnable de les regarder comme faux, & par conféquent de les rejetter.

Telles font les objections principales que je me fuis faites pendant long-temps contre le fyftême de M. Rameau, & pour lefquelles

PRÉFACE.

je n'ofois me laiffer entraîner par l'autorité des hommes les plus célebres, qui pour la plûpart me paroiffoient avoir adopté ce fyftéme fans beaucoup de modifications. Je ne pouvois pas même croire qu'il fût jamais poffible de former une théorie de la mufique dans laquelle on ne fût pas obligé de multiplier les analogies, les transformations, les convenances, pour fatisfaire la raifon *autant qu'il est poffible dans l'explication des phénomènes*, de même que M. Rameau a été fouvent obligé de le faire, ce que M. d'Alembert affure qu'il reconnoiffoit lui-même. (*Mélanges de littérature*, tome 4, page 255.)

Cependant en lifant avec attention l'excellent ouvrage que M. Balliere a donné depuis peu d'années fous ce titre, Théorie de la Mufique, j'ai été fortement frappé de l'échelle de fons qu'il propofe comme la feule naturelle. Cette échelle, qui n'étoit connue que fous le nom d'échelle du cor-de-chaffe, & que perfonne avant M. Balliere n'avoit encore fongé à généralifer, ou à adapter à toute la mufique, comme beaucoup plus parfaite que notre échelle diatonique ; cette échelle, dis-je, me parut d'abord non-feulement d'une régularité parfaite, & d'une fimplicité admirable, mais encore je jugeai qu'elle contenoit une fuite de fons, que les différentes expériences prouvent être la fuite la plus naturelle. D'ailleurs, me difois-je, le plaifir mufical a fon origine dans la nature ; non-feulement tous les hommes, mais même la plûpart des êtres animés y paroissent sensibles; ce plaisir doit donc avoir aussi ses loix dans la nature. Mais ces loix, quelles sont-elles? Un cor-de-chasse dont les sons ne peuvent varier ni au gré de l'artiste qui le construit, ni au gré du Musicien qui en donne, doit, à ce qu'il semble, nous apprendre quels peuvent être les sons dont la suite doit plaire davantage : or ces sons composent précisément l'échelle que propose M. Balliere. Si le son le plus grave d'un cor-de-chasse est à l'unisson du son le plus grave de cette échelle, le cor ne pourra rendre d'autres sons que ceux qu'on trouve dans cette échelle : & si du son le plus grave un Musicien veut s'élever sur ce cor par les moindres degrés possibles, il rendra exactement toute la suite des sons de cette échelle; or ces sons, & l'ordre dans lequel il est possible de les rendre ne peuvent devoir leur origine qu'à la nature, puisqu'il est impossible à l'art de les changer (b) ou de les transposer d'une ou de plusieurs octaves, donc l'échelle proposée par M. Balliere est aussi composée des sons dont la nature elle-même paroît avoir déterminé la suite.

C'étoit déja beaucoup que d'avoir pu substituer à notre gamme si irréguliere la quatrie-

---

(b) A force d'enfler les sons, ou en bouchant en partie le pavillon, le Musicien peut en altérer quelques-uns; mais la difficulté qu'il éprouve alors, ou les moyens qu'il est obligé d'employer, prouvent assez que ces sons ainsi altérés ne sont pas naturels au cor-de-chasse.

PRÉFACE

me octave de cette échelle, qui en approche tellement qu'on peut dire que cette quatrieme octave n'est autre chose que la gamme ordinaire, à laquelle on a fait les moindres changemens possibles pour la rendre réguliere. Cependant trop de sagacité paroît avoir empêché cet auteur ingénieux de tirer de sa découverte ou de cette application si heureuse de la gamme du cor-de-chasse à tous les instrumens, & même à la voix, le fruit qu'il paroissoit devoir en recueillir. Accoutumé à mettre les choses dans le creuset pour n'en retirer que les parties les plus pures, M. Balliere a porté le même esprit dans la Théorie de la Musique. Les expressions des sons de l'échelle qu'il propose forment une progression arithmétique : il a cru que tous les intervalles composés de deux termes consécutifs devoient conséquemment être égaux entr'eux, puisque dans une progression arithmétique la différence de deux termes consécutifs est toujours la même. Par exemple, M. Balliere pense que l'intervalle d'octave formé des deux sons ut, ut, & dont la différence est 1, est égal à l'intervalle de ton majeur ut, re, parce que l'intervalle de 8 à 9 est aussi 1 : toute la différence que trouve cet Auteur entre ces deux intervalles, c'est que ce dernier étant pour ainsi dire apperçu de plus loin, frappe les sens d'une maniere différente que le premier. Tous

PRÉFACE.

les intervalles de l'échelle deviennent donc 1 pour M. Balliere: ainsi, dit-il, page 77, « d'ut à ut $\overset{3}{}$ $\overset{6}{}$ il y a un ton, d'ut à sol $\overset{6}{}$ $\overset{9}{}$ il y a un ton, de sol à ut $\overset{9}{}$ $\overset{12}{}$, d'ut à mi $\overset{12}{}$ $\overset{15}{}$, d'ut à re $\overset{24}{}$ $\overset{27}{}$, de re à mi $\overset{27}{}$ $\overset{30}{}$, de mi à fa $\overset{30}{}$ $\overset{33}{}$ il y a un ton. » En confondant ainsi tous les intervalles, l'Auteur s'est mis dans l'impossibilité de les comparer entr'eux, & de raisonner sur les effets que chacun de ces intervalles peut produire sur nos sens.

Je crois, comme ce savant Académicien, que l'on trouveroit les degrés du son tous égaux dans l'échelle du cor-de-chasse, s'il étoit possible de les considérer indépendamment de leurs effets sur nos sens. Que je regarde un peu de côté une longue rangée d'arbres qui soient tous à distance égale entr'eux, ils me paroîtront à des distances fort inégales les uns des autres, & ces distances formeront dans mon organe une suite harmonique. Si je considere l'échelle d'un thermometre, qui est ordinairement divisée en parties égales, je ne dois point croire que ces parties égales de l'échelle marquent des parties égales de chaleur ; car s'il étoit possible de diviser la chaleur en degrés égaux, & que l'on exposât le thermometre à l'un de ces degrés, la liqueur monteroit dans le tube, & en montant perdroit une partie de cette espece d'élasticité

PRÉFACE

ticité qui l'auroit fait obéir aux impreſſions de la chaleur; de maniere qu'en preſen-
tant enſuite le même thermometre à un ſecond
degré de chaleur, la liqueur ne s'éleveroit
point à une hauteur double de celle qu'elle auroit atteint d'abord. Ainſi quoique je voye
des arbres à des diſtances qui me paroiſſent
inégales, il peut cependant ſe faire que toutes ces diſtances ſoient égales : quoique l'é-
chelle d'un thermometre ſoit diviſée en degrés égaux, il n'y a cependant pas d'appa-
rence que ces degrés égaux de l'échelle marquent des degrés égaux de chaleur. De même,
quoique les intervalles faits de deux termes
conſécutifs dans l'échelle du cor-de-chaſſe paroiſſent à notre oreille fort différents entr'eux,
je crois cependant très-raiſonnable de les regarder comme égaux, quand nous les conſidé-
rons indépendamment de leurs effets ſur nos
ſens.

Mais dans la muſique doit-on regarder les
degrés du ſon autrement que notre oreille nous
les repreſente ? Le ſon n'exiſte abſolument
pour nous que par notre oreille; pour un
homme parfaitement ſourd, le ſon ne ſeroit
abſolument rien. C'eſt donc à notre oreille
ſeule à déterminer l'égalité ou l'inégalité des
degrés du ſon que nous entendons; ſur-tout en
muſique, où il doit être bien moins queſtion
de la nature du ſon que des affections qu'il
peut nous cauſer. Or notre oreille ne peut
nous repreſenter les ſons que d'une ſeule ma-

PRÉFACE.

niere : les sons peuvent être pour nous plus forts ou plus foibles , mais les intervalles que formeront les mêmes degrés de son seront toujours semblables entr'eux, & une quinte nous paroîtra toujours plus foible qu'une octave. On peut dessiner une rangée d'arbres, ou une belle statue, de mille manieres différentes, suivant les différens points de vue sous lesquels on la considérera ; mais on ne pourra jamais faire qu'une oreille exercée confonde les intervalles entr'eux. La raison, M. Balliere la donne lui-même en parlant du clavessin oculaire (note oo, pag. 154.) L'Auteur, *dit-il*, a essayé de comparer les sons & les couleurs par un côté qui ne permet pas de comparaison , & qui fait leur différence essentielle & peut-être unique ; le caractere du son est d'être fugitif, celui de la lumiere est d'être fixe : les tons se succédent, les couleurs sont permanentes. *Le caractere fugitif du son ne nous permet donc point de le regarder sous plusieurs faces. Le son n'a donc qu'une seule maniere de nous affecter, & c'est cette maniere que nous devons saisir pour l'exprimer. Ainsi puisque tous les intervalles de l'échelle du cor-de-chasse nous paroissent aller en décroissant, nous ne devons point les exprimer par la même quantité, mais par des quantités décroissantes : c'est aussi ce que j'ai fait. Le Public jugera si j'ai bien fait ; mais quoiqu'il en soit, il n'en devra pas moins d'estime à M. Balliere, qui le premier l'a*

PRÉFACE.　　xj

éclairé sur la vraie théorie de la musique.

Dans tout le cours de cet ouvrage j'ai exprimé les sons, non pas comme les vibrations des cordes, à la maniere des modernes, mais comme leurs longueurs. Ce n'est pas que je ne sache très-bien que plus une corde est petite, plus elle fait de vibrations dans un même temps : mais il m'a paru moins simple d'appliquer cette propriété des cordes sonores aux expressions des degrés du son, que d'y appliquer leurs longueurs. Dans la premiere maniere il y a deux conditions, les longueurs des cordes & les temps doivent être donnés; dans la seconde il n'y a qu'une seule condition, la longueur des cordes (toutes choses d'ailleurs égales de part & d'autre). Par conséquent les degrés de l'échelle du cor-de-chasse forment dans cet ouvrage une progression harmonique. Cependant je conviens qu'ils peuvent former une progression arithmétique, mais sans y appliquer pour cela les vibrations.

Les commençans pour la plûpart se trouvent fort embarrassés quand on leur parle de $\frac{4}{3}$ de vibrations. On a beau leur dire que cette expression désigne deux cordes, dont l'une fait quatre vibrations, tandis que l'autre n'en fait que trois, ils ne saisissent pas ce rapport avec plus de facilité. Ils sont toujours tentés de regarder la fraction $\frac{4}{3}$ comme 1 plus $\frac{1}{3}$, ce qui ne leur présente plus aucune idée,

PRÉFACE.

parce qu'ils n'apperçoivent plus aucun rapport : au lieu que si on leur parle des ⅔ d'une corde, ils concevront tout de suite ce qu'on leur dira. C'est donc une obscurité de plus que les modernes avoient introduite dans la théorie de la musique, & que j'ai évitée. Enfin l'on verra que j'ai été obligé d'exprimer les degrés du son comme les longueurs des cordes, puisqu'en suivant cette condition, des deux échelles que je propose, l'une forme une progression arithmétique, & l'autre une progression harmonique ; j'aurois donc nécessairement occasionné de la confusion si j'avois adapté à l'une de ces échelles des expressions qui ne paroissent convenir qu'à l'autre.

Dans un ouvrage aussi simple que celui que je présente, j'ai tâché principalement d'être clair. Pour cela j'ai évité toute discussion métaphysique, & je ne me suis point fait scrupule d'être quelquefois diffus dans un sujet aussi neuf à bien des égards. Je me suis surtout efforcé de ne point donner un air de paradoxe à mes idées. Quelques singulieres qu'elles soient, j'ai toujours tâché de les faire ressortir des idées déja reçues, & par-là je les ai rendues moins révoltantes. Cependant j'ai si peu respecté les préjugés, si peu consulté les usages, je me suis si peu appuyé sur la pratique ordinaire, que je pourrai paroître téméraire aux yeux de bien des Musiciens. Je ne répondrai point à ce reproche de témérité,

PRÉFACE.

pour ne pas dire plus, auquel je m'attends. Je dirai simplement que si j'avois à donner la Grammaire d'une langue de convention, je commencerois par étudier cette langue ; Je tâcherois d'en saisir les tours, d'en prendre l'esprit : j'appuyerois enfin chaque règle & chaque exception sur des exemples connus. Mais si cette langue, au lieu d'être de convention, devoit être une langue naturelle, ce que je crois qu'on peut dire de la musique, alors je m'appliquerois moins à dire comment on la parle, que comment on la doit parler. Si par hazard cette langue s'étoit trouvée défigurée par mille événements, en étudiant ses principes dans la nature, je tâcherois de lui rendre sa première pureté. Sans m'embarrasser si ceux pour qui cette langue seroit familière la reconnoîtroient dans les principes que j'en donnerois, si ces principes me paroissoient simples, s'ils étoient fondés sur des expériences qu'on ne peut pas contredire, s'ils présentoient tous les avantages & toutes les facilités qu'on peut désirer, enfin s'ils ne laissoient presque plus lieu à aucune exception, ou s'ils me présentoient en meme-temps les raisons de ces exceptions, je n'hésiterois point à dire que ces principes sont les vrais principes de cette langue, & que l'on s'est trompé, lorsqu'on en a adopté d'autres.

Voilà en peu de mots la méthode que j'ai suivie dans cet Ouvrage. Persuadé que la musique est une langue inspirée par la nature, j'ai écouté sa voix, j'ai consulté les expériences, toutes se sont réunies pour me dire la même chose. Mon premier principe admis, les conséquences se présentent d'elles-mêmes ; il n'est pas nécessaire d'etre musicien pour les appercevoir. Dès-lors quelle simplicité dans la théorie de la musique ! Que d'abondance dans ses expressions ! Que de facilité dans ses différentes intonations ! On ne doit donc point s'attendre à trouver ici une théorie de la musique fondée sur la pratique ordinaire, mais une théorie uniquement fondée sur des expériences avouées de tout le monde. Au reste je ne donne absolument rien pour démontré dans tout le cours de ces recherches : Ce mot démonstration a été si souvent employé par M. Rameau, j'ai été si souvent révolté de le voir appliqué à des choses qui ne me paroissoient être que de convenance, que j'ai cru devoir ne le prononcer qu'avec la plus grande discrétion.

Ce n'est point non plus une théorie complette de la musique que je presente, je sens qu'il me resteroit bien des choses à dire : mais qu'importe si mes principes ne sont point adoptés ? & s'ils sont adoptés, l'usage & la pratique apprendront bientôt tout ce qui pourroit rester à désirer.

Pour faciliter la lecture de cet Ouvrage, j'ai cru devoir donner ici les méthodes de fai-

PRÉFACE.

re sur les fractions les opérations les plus ordinaires, auxquelles j'ai ajouté de quoi donner une idée des progressions arithmétiques & harmoniques : quant aux démonstrations on les trouvera dans tous les élémens de mathématiques. Ainsi pour pouvoir lire ce Livre il ne faudra sçavoir que les quatre premières régles d'arithmétique & la régle de trois, ou au plus ce qu'on entend en géométrie par le mot rapport. Il ne sera pas non plus nécessaire d'avoir de grandes connoissances en musique ; pourvu que l'on sache distinguer les intervalles, que l'on connoisse, par exemple, une quinte, une quarte, une tierce majeure, &c. on pourra entreprendre la lecture de cet ouvrage ; mais j'avertis qu'il faudra que cette lecture soit réfléchie : je desirerois même que l'on eût toujours la figure sous les yeux & le compas à la main lorsqu'on lira sur-tout les premiers Chapitres. Ainsi ceux qui ont coutume de ne lire que pour s'amuser, ou qui n'ont point les connoissances dont nous venons de parler, ne doivent point ouvrir ce livre, il n'est point fait pour eux.

DES FRACTIONS.

I. On appelle fractions ou nombres rompus les nombres qui ne contiennent que des parties d'unité. Supposez une corde d'une longueur quelconque, que l'on a divisée en quatre parties égales, & dont on prend trois de ces parties ; tout le monde sait que ces trois parties sont les trois quarts de la corde. La corde est l'unité, 3 & 4 n'expriment que ses parties, & forment la fraction que l'on écrit $\frac{3}{4}$ en mettant le nombre total de parties dans lesquelles la corde est divisée, au-dessous du nombre de parties que l'on prend de cette corde, & en les séparant par une ligne.

II. Le nombre supérieur 3 se nomme le numérateur de la fraction, l'inférieur 4 se nomme le dénominateur ; le numérateur est ordinairement plus petit que le dénominateur.

III. On peut encore considérer le numérateur d'une fraction comme exprimant le nombre de fois que l'unité ou la corde totale a été ajoutée à elle-même, & le dénominateur comme le diviseur de cette corde ainsi ajoutée à elle-même. Supposez que la corde entiere que vous avez divisée en quatre parties étoit de quatre pieds, il est certain que chacune de ces parties sera d'un pied ; les trois quarts seront donc de trois pieds. Si vous regardez le numérateur 3 comme désignant le nombre de fois que l'unité ou la corde entiere a été ajoutée à elle-même, ce trois doit vous representer le nombre de douze pieds : car une corde de quatre pieds ajoutée trois fois à elle-même doit faire une corde de douze pieds, puisque trois fois quatre va-

lent

DES FRACTIONS. xvij

lent douze. Cette fraction $\frac{3}{4}$ désignera donc une corde de douze pieds divisée par le dénominateur 4. Or une corde de 12 pieds divisée par 4, donne au quotient une corde de trois pieds, comme nous l'avons déja trouvé : donc on peut considérer le numérateur d'une fraction comme exprimant le nombre de fois que la corde totale ou l'unité a été ajoutée à elle-même ; & le dénominateur comme le diviseur de cette corde, ou en général de cette unité ainsi ajoutée à elle-même.

IV. Deux nombres écrits l'un sur l'autre, & séparés par une ligne à la maniere des fractions, peuvent encore représenter un rapport; car, puisque le numérateur représente toujours une dividende, dont le dénominateur est le diviseur (III), il s'ensuit que l'on compare toujours le numérateur au dénominateur, pour sçavoir combien l'un contient l'autre. Or, cette comparaison n'est autre chose que ce que l'on appelle rapport en géometrie ; donc deux nombres écrits à la maniere des fractions peuvent encore représenter un rapport géométrique.

V. Tout nombre entier peut se réduire à la forme d'un nombre fractionnaire, en lui donnant 1 pour dénominateur ; car tout nombre divisé par l'unité, donne toujours un quotient égal à lui-même. Ainsi $\frac{12}{1}$ signifie simplement 12.

VI. *La valeur d'une fraction n'est pas chan-* [Proposition fondamentale.]

C

gée, si l'on multiplie ou si l'on divise les deux termes de cette fraction, c'est-à-dire, le numérateur & le dénominateur par une même quantité. Multiplions les deux termes 3 & 4 de la fraction $\frac{3}{4}$ par la même quantité 6, nous aurons la nouvelle fraction $\frac{18}{24}$. Or, il est clair que cette derniere fraction $\frac{18}{24}$ est égale à la fraction $\frac{3}{4}$, puisque 18 sont les trois quarts de 24, comme trois sont les trois quarts de quatre.

Pour nous en assurer par un exemple, nous avons trouvé que les trois quarts d'une corde de quatre pieds donnent trois pieds ; voyons si $\frac{18}{24}$ de la même corde donneront aussi trois pieds : car alors il sera certain que $\frac{18}{24}$ & $\frac{3}{4}$ ne seront qu'une même fraction, puisque l'une & l'autre ne signifieront qu'une même chose. Prenons donc 18 fois la longueur de la corde de 4 pieds, nous aurons une corde de 72 pieds, qui, divisée par 24, donnera trois pieds ; par conséquent ces deux fractions $\frac{3}{4}$ & $\frac{18}{24}$ d'une corde de quatre pieds sont égales, puisque l'une & l'autre veulent dire la même chose 3 pieds : donc la valeur d'une fraction n'est pas changée, si l'on multiplie ou si l'on divise par une même quantité les deux termes de cette fraction.

Maniere de réduire les fractions à de plus simples expressions.

VII. Ainsi l'on peut réduire les fractions à des termes ou à des expressions plus simples, sans changer leur valeur, quand ces termes peuvent être divisés exactement & sans

DES FRACTIONS.

reste par la même quantité. $\frac{18}{24}$ peut se réduire à $\frac{3}{4}$ en divisant 18 & 24 par la même quantité 6. Plus le nombre qui servira de diviseur aux deux termes d'une fraction sera grand, plus la fraction sera réduite à de plus simples expressions. Il seroit trop long de donner ici la méthode de trouver le plus grand commun diviseur de deux quantités, je crois que les regles suivantes doivent suffire.

1°. Tout nombre pair est divisible par 2; ainsi la fraction $\frac{244}{568}$, dont les deux termes sont pairs, peut être réduite à cette fraction plus simple $\frac{122}{284}$. Ces deux termes de cette nouvelle fraction étant encore des nombres pairs, elle peut aussi se réduire à celle-ci $\frac{61}{142}$, &c.

2°. Tout nombre peut être divisé par 3, lorsque la somme de ses chiffres est un multiple de 3, ou, ce qui est la même chose, lorsque cette somme peut être divisée exactement par 3; ainsi 528 est divisible par 3, parce que 5, plus 2, plus 8 font 15, & que 15 est divisible par 3 : par conséquent toutes les fois que les deux termes d'une fraction auront cette condition, la fraction pourra être réduite à de moindres expressions, en divisant ses termes par 3. Par exemple, la fraction $\frac{465}{723}$ est composée de deux termes qui sont divisibles par 3; car la somme des chiffres du numérateur est 15 divisible par 3, & celle des chiffres du dénominateur est 12 aussi divisible par 3 : donc cette fraction peut se réduire à celle-ci $\frac{155}{241}$.

C 2

DES FRACTIONS.

3°. Tout nombre terminé par un ou plusieurs zéro, peut se diviser par 10 & par 5; ainsi la fraction $\frac{10}{100}$ peut se réduire à $\frac{1}{10}$ ou à $\frac{2}{20}$, parce que les deux termes 10 & 100 divisés par 10, se réduisent à 1 & à 10; & divisés par 5, ils se réduisent à 2 & à 20.

4°. Tout nombre terminé par 5 est divisible par 5; ainsi les deux termes de la fraction $\frac{445}{625}$ étant terminé par 5, cette fraction peut se réduire à $\frac{89}{125}$.

5°. Toutes les fois que le numérateur est plus grand que le dénominateur, la fraction peut se réduire à un entier, si le dénominateur est exactement contenu dans le numérateur. Par exemple, la fraction $\frac{45}{5}$ peut se réduire à 9, parce que 5 est exactement contenu 9 fois dans 45; & si le dénominateur n'est point exactement contenu dans le numérateur, alors elle se réduira à un entier & à une fraction : ainsi $\frac{46}{5}$ peut se réduire à 9 & $\frac{1}{5}$, de même $\frac{11}{9}$ se réduira à 1 & $\frac{2}{9}$, &c.

6°. Lorsque l'un des deux termes d'une fraction est un nombre premier, ou ne peut être divisé exactement que par l'unité, cette fraction n'est pas réductible, à moins que ce terme ne soit contenu éxactement dans l'autre.

Manière de réduire les fractions au même dénominateur.

7°. Lorsque le numérateur d'une fraction est l'unité, cette fraction n'est pas réductible.

VIII. Pour réduire deux fractions au même dénominateur, il faut multiplier les deux termes de la premiere par le dénominateur de la seconde, & multiplier ensuite les deux

DES FRACTIONS. xxj

termes de cette seconde par le dénominateur de la premiere. Pour réduire les deux fractions $\frac{3}{5}$ & $\frac{5}{6}$ au même dénominateur, je multiplie les deux termes de la premiere 3 & 5 par le dénominateur 6 de la seconde, j'ai la nouvelle fraction $\frac{18}{30}$; je multiplie ensuite les deux termes de la seconde 5 & 6 par le dénominateur 5 de la premiere, cette seconde fraction devient $\frac{25}{30}$; ainsi les deux fractions $\frac{3}{5}$ & $\frac{5}{6}$ seront devenues $\frac{18}{30}$ & $\frac{25}{30}$ qui ont le même dénominateur 30. Il est clair que ces fractions en changeant de termes, n'ont pas changé de valeur (VI), puisque le même nombre a servi à multiplier les deux termes de chaque fraction. Si l'on avoit trois fractions que l'on voulût réduire au même dénominateur, il faudroit muliplier les deux termes de chaque fraction par le produit des dénominateurs des deux autres fractions : les trois fractions $\frac{2}{3}$, $\frac{3}{4}$, $\frac{4}{5}$ se réduiront à celles-ci $\frac{40}{60}$, $\frac{45}{60}$, $\frac{48}{60}$.

IX. Pour réduire deux fractions au même numérateur, ce qu'on fera quelquefois obligé de faire dans le cours de cet ouvrage, il faudra multiplier les deux termes de chaque fraction par le numérateur de l'autre.

Maniere de réduire les fractions au même numérateur.

X. On peut souvent abréger cette opération, quand le plus grand numérateur peut être exactement divisé par le plus petit ; car alors il suffit de multiplier les deux termes de la fraction dont le numérateur est le plus petit, par le nombre qui seroit le quotient de la di-

DES FRACTIONS.

vision. Par exemple, pour réduire les deux fractions $\frac{2}{3}$ & $\frac{8}{9}$ au même numérateur, je multiplie par 4 les deux termes de la fraction $\frac{2}{3}$, parce que 4 seroit le quotient des numérateurs divisés l'un par l'autre : le produit est $\frac{8}{12}$; ainsi ces deux fractions $\frac{8}{12}$ & $\frac{8}{9}$ sont réduites au même numérateur : on peut aussi se servir de cette regle pour réduire les fractions au même dénominateur, quand l'un des dénominateurs est multiple de l'autre.

Addition des fractions. **XI.** *Pour ajouter ensemble deux ou plusieurs fractions*, je commence par les réduire au même dénominateur (VIII) ; j'ajoute ensuite les numérateurs de ces fractions ainsi réduites, la somme & le dénominateur commun me donnent une nouvelle fraction, qui est la somme de celles que j'ai voulu ajouter. Si je veux prendre la somme des deux fractions $\frac{2}{3}$ & $\frac{3}{4}$, je les réduis d'abord au même dénominateur, elles deviennent $\frac{8}{12}$ & $\frac{9}{12}$; j'ajoute les deux numérateurs 8 & 9, & j'ai la nouvelle fraction $\frac{17}{12}$, somme des deux fractions $\frac{2}{3}$ & $\frac{3}{4}$: de même la somme des trois fractions $\frac{2}{3}$, $\frac{3}{4}$, $\frac{4}{5}$, ou $\frac{40}{60}$, $\frac{45}{60}$, $\frac{48}{60}$ auroit été $\frac{133}{60}$. La fraction $\frac{17}{12}$ peut se réduire à 1 & $\frac{5}{12}$, & la fraction $\frac{133}{60}$ peut se réduire à 2 & $\frac{13}{60}$.

Soustraction des fractions. **XII.** *Pour soustraire une fraction d'une autre fraction*, il faut pareillement les réduire au même dénominateur, soustraire ensuite le numérateur de celle qu'on veut retrancher du numérateur de l'autre ; le reste auquel

DES FRACTIONS.

on donnera le dénominateur commun, sera le reste de la soustraction ou la différence des deux fractions. Pour retrancher $\frac{3}{4}$ de $\frac{5}{6}$, je réduis ces fractions à celles-ci $\frac{18}{24}$ & $\frac{20}{24}$ (VIII); je retire ensuite 18 de 20, le reste 2, & le dénominateur commun 24 formeront la nouvelle fraction $\frac{2}{24}$, ou (VII) $\frac{1}{12}$ qui sera le reste de $\frac{5}{6}$ dont on auroit retranché $\frac{3}{4}$.

XIII. Pour multiplier une fraction par un entier, il faut simplement multiplier le numérateur de la fraction par l'entier, & laisser au produit le même dénominateur. Si je dois multiplier la fraction $\frac{9}{16}$ par 6, je multiplie simplement 9 par 6, & en donnant au produit 54 le dénominateur 16, j'obtiens la nouvelle fraction $\frac{54}{16}$ ou $3\frac{3}{8}$ (VII) pour produit de $\frac{9}{16}$ par 6. S'il falloit multiplier la fraction $\frac{9}{16}$ par une autre fraction $\frac{6}{7}$, non-seulement je multiplierois les deux numérateurs, mais encore les deux dénominateurs l'un par l'autre, le produit seroit $\frac{54}{112}$ ou $\frac{27}{56}$.

Multiplication des fractions.

XIV. Pour diviser une fraction par un nombre entier, il faut faire le contraire de ce qu'on fait pour la multiplication; il faut multiplier le dénominateur de la fraction par l'entier, en lui laissant le même numérateur; ainsi $\frac{1}{2}$ divisée par 4, donne pour quotient $\frac{1}{8}$. Si le numérateur de la fraction que l'on veut diviser étoit un multiple du nombre entier par lequel on doit la diviser, il suffiroit de diviser ce numérateur par l'entier, & de donner

Division des fractions.

au quotient le même dénominateur qu'avoit le dividende. $\frac{48}{55}$ par exemple étant divisé par 6, deviendra $\frac{8}{55}$.

XV. Pour diviser une fraction par une autre fraction, il faut multiplier le numérateur de celle qui doit servir de dividende, par le dénominateur de celle qui doit servir de diviseur, le produit sera le numérateur de la nouvelle fraction ; il faudra ensuite multiplier le dénominateur de la premiere par le numérateur de la seconde, le produit sera le dénominateur du quotient : ainsi pour diviser $\frac{3}{4}$ par $\frac{5}{7}$, il faut multiplier 3 par 7 & 4 par 5, les produits formeront la nouvelle fraction $\frac{21}{20}$, qui sera le quotient de $\frac{3}{4}$ divisé par $\frac{5}{7}$.

Il est aisé de voir que ce quotient est composé des dénominateurs des deux fractions, dont chacun a été multiplié par le numérateur de l'autre fraction : donc si le dividende & le diviseur avoient le même numérateur, on pourroit sans aucune autre opération écrire ces deux dénominateurs au quotient, ayant soin que le dénominateur du diviseur devint le numérateur du quotient ; car la valeur d'une fraction n'est pas changée, si l'on multiplie ou si l'on divise ses deux termes par la même quantité (VI). Or, quand les numérateurs des deux termes de la division sont semblables, les deux termes du quotient sont multipliés par la même quantité ; cette multiplication est donc inutile, puisque la valeur

de

DES FRACTIONS.

de la fraction n'en est pas changée. Ainsi pour diviser $\frac{9}{17}$ par $\frac{9}{15}$, j'écris simplement au quotient $\frac{15}{17}$, & ce quotient est réduit à des termes plus simples qu'il ne l'auroit été par la première méthode. Comme dans le cours de cet ouvrage il arrive assez souvent que les fractions qu'il faut diviser, ont le même numérateur que les diviseurs, je me sers préférablement de cette derniere méthode, & quelquefois même, quand je dois diviser une fraction qui n'a pas le même numérateur que le diviseur, je les réduis au même, afin de pouvoir en faire usage.

Remarquez que si l'on vouloit diviser un nombre entier par une fraction, il faudroit regarder ce nombre entier comme une fraction qui auroit l'unité pour dénominateur, (V) & opérer par l'une des méthodes que nous venons de donner. Il en est de même, si l'on vouloit soustraire une fraction d'un nombre entier, &c.

XVI. On apelle progression arithmétique, une suite de nombres telle que la même différence regne toujours entre chacun de ses termes consécutifs. Ainsi la suite naturelle des nombres ÷ 1. 2. 3. 4. 5. &c. forme une progression arithmétique, parce que chaque terme differe toujours du précédent & du suivant de la même quantité 1. Les nombres ÷ 3. 8. 13. 18. 23. &c. forment encore une progression arithmétique, parce que

Idée de la progression Arithmétique.

d

chaque terme diffère du précédent & du suivant de la même quantité 5.

Idée de la progression harmonique. XVII. Une suite de fractions qui ont toutes le même numérateur, & dont les dénominateurs sont en progression arithmétique, forme une progression harmonique. Ainsi les fractions $\frac{1}{2}, \frac{1}{3}, \frac{1}{4}, \frac{1}{5}, \frac{1}{6}$, &c. forment une progression harmonique, parce que le numérateur est toujours le même, & que les dénominateurs sont en progression arithmétique. De même les fractions $\frac{5}{9}, \frac{5}{13}, \frac{5}{17}, \frac{5}{21}, \frac{5}{25}$, forment aussi une progression harmonique, parce que chacune de ces fractions a le même numérateur, & que les dénominateurs sont en progression arithmétique.

XVIII. Une progression harmonique peut aussi être exprimée par une suite de nombres entiers; mais il faut que ces nombres entiers puissent se réduire à une suite de fractions dans laquelle on retrouve la condition que nous venons de prescrire pour la progression harmonique. Par exemple, la suite des nombres entiers 120, 60, 40, 30, 24, 20, forme une progression harmonique, parce que cette suite de nombres entiers peut se réduire à cette suite de fractions $\frac{120}{1}, \frac{120}{2}, \frac{120}{3}, \frac{120}{4}, \frac{120}{5}, \frac{120}{6}$, qui ont toutes le même numérateur, & dont les dénominateurs sont en progression arithmétique.

Ces connoissances me paroissent suffisantes pour ceux qui sachant déja les quatre premiè-

DES FRACTIONS. xxvij

res regles d'arithmétique & la regle de trois, voudront donner à cet ouvrage l'application qu'il éxige.

FAUTES A CORRIGER.

Pages 14, à la note, nXn, *lisez* n⋈n.
    15, ligne 1, $\overset{\frac{1}{5}}{re}$, *lisez* $\overset{\frac{1}{9}}{re}$.
    17, ligne 3, *sib*, *lisez* *sib*.
    28, ligne 2, $\overset{\frac{2}{3}}{fi}$, *lisez* $\overset{\frac{2}{15}}{fi}$.
    32, fin de la n. éduites, *lisez* réduites.
    37, ligne 8, après le mot *semi-tons*, ajoutez, qui n'étoient pas des parties aliquotes de ces tons.
    40, ligne derniere, $\overset{\frac{1}{51}}{\bowtie}$; *lisez* $\overset{\frac{1}{51}}{\bowtie}$.
    41, fin de la table, $\overset{\frac{1}{126}}{\bowtie}$, *lisez* $\overset{\frac{1}{126}}{\bowtie}$.
    71, ligne derniere, a♭, *lisez* la♭.
    74, ligne 20, longeur, *lisez* longueur.
    117, ligne 15, généateur, *lisez* générateur.
    126, ligne 5, $\overset{\frac{4}{9}}{re}$, *lisez* $\overset{\frac{9}{4}}{re}$.
    128, ligne 17, $\overset{\frac{16}{15}}{fi\,ut}$, *lisez* $\overset{\frac{15}{16}}{fi\,ut}$.

128, ligne 17, ré mi $\overbrace{\tfrac{10}{9}}$, lisez ré mi $\overbrace{\tfrac{9}{10}}$.

idem, sol la $\overbrace{\tfrac{10}{9}}$, lisez sol la $\overbrace{\tfrac{9}{10}}$.

131, ligne 7 de la note, sol $\overbrace{\tfrac{3}{2}}$, lisez sol $\overbrace{\tfrac{2}{3}}$.

138, lig. dern. la $\overbrace{\tfrac{16384}{5949}}$, 𝕏, lisez la $\overbrace{\tfrac{16384}{59049}}$, 𝕏.

idem, au-dessous, 𝕏, la $\overbrace{}$, 𝕏, lis. 𝕏, la, 𝕏.

142, ligne 11, 524286 $\overbrace{\tfrac{24}{25}\tfrac{32048}{9621 87}}$, lisez 524288 $\overbrace{\tfrac{243}{256}\tfrac{2048}{2187}}$.

244, ligne 11, ut, 𝕏, lisez ut 𝕏.

280, ligne 16, qne, lisez que.

RECHERCHES

RECHERCHES
SUR LA THÉORIE
DE LA MUSIQUE.

CHAPITRE PREMIER.

Ce que l'on peut savoir sur la nature du son: manieres d'exprimer ses différens dégrés.

1. LE son est une de nos sensations. Il seroit donc aussi difficile qu'il seroit inutile de le définir. Le son fait sur nous des impressions bien différentes entre elles : quelquefois doux & agréable, il nous inspire les idées les plus riantes ; il nous fait jouir du plaisir le plus flatteur. Souvent ten-

dre & plaintif, il pénétre notre ame, la déchire, & fait couler de nos yeux des larmes délicieuses. D'autres fois enfin, sombre ou véhément, il nous fait éprouver les passions les plus violentes ; nous sentons s'allumer en nous le feu de la colere, l'horreur de la haine, & tous les transports de la fureur.

2. Il n'est point de notre objet de rechercher comment les sons agissent sur nos organes pour y produire des effets si différens ; cette question toujours agitée, sera vraisemblablement toujours indécise. Il faudroit pour la résoudre connoître parfaitement & la nature du son, & les organes sur lesquels il agit. Or, je ne crois pas qu'aucun homme puisse jamais se flatter de posséder sur ces objets des connoissances certaines.

3. Mais quoique la nature du son soit absolument cachée pour nous ; quoique nous ne soyons pas certains de la maniere dont il est produit, de la maniere dont il nous affecte, cependant nous pouvons déterminer

comment il doit être modifié pour produire les différens effets que nous defirons ; car les mêmes corps fonores rendent exactement les mêmes fons, tant qu'ils ne font point altérés. Deux corps fonores produiront toujours le même intervalle, & cet intervalle eft femblable à celui qui feroit produit par deux autres corps fonores dont les rapports feroient les mêmes. Ainfi les modifications dont le fon eft fufceptible, ayant un rapport conftant avec les corps qui le produifent, il s'enfuit qu'on peut repréfenter le fon ainfi modifié par chacun des corps qui a fervi à le former. On peut donc par ce moyen mefurer, pour m'exprimer ainfi, & calculer les différentes modifications, ou, comme on dit, les différents dégrés du fon. Mais il faut bien remarquer que le fon n'étant point fufceptible de divifion de parties, ce que l'on entend par les dégrés du fon, ne peut être que les altérations du corps fonore; & par conféquent que ce font ces altérations & non pas le son lui-même que l'on mesure, ou que l'on calcule. On doit donc perdre, pour ainsi dire, l'idée du son, en recherchant les différentes expressions que l'on peut lui donner, & ne s'occuper que des moyens qui le produisent.

4. De tout temps on a dû reconnoître que le son est quelquefois plus grave, & quelquefois plus aigu : il est même probable que l'on s'étoit fait une espece de Gamme long-tems avant que d'avoir su donner aux dégrés du son des expressions numériques. Pythagore passe pour être le premier qui l'ait entrepris. On dit que se trouvant auprès d'un attelier de Forgerons qui battoient un morceau de fer sur une enclume, il fut surpris d'entendre que les marteaux rendoient la quarte, la quinte & l'octave du son le plus bas. Il imagina que les différentes pesanteurs des marteaux devoient être la seule cause des différens sons qu'il entendoit. Il les pesa donc, & il trouva que celui

qui rendoit la quarte étoit les trois quarts du plus pesant ; que celui qui rendoit la quinte en étoit les deux tiers, & que celui qui rendoit l'octave en étoit la moitié ; ainsi, en supposant que le marteau le plus lourd pesât une livre, & rendît le son *ut*, Pythagore a dû appeller 1 ce son *ut* ; il a dû appeller $\frac{3}{4}$ *fa*, qui fait avec *ut* un intervalle de quarte ; il a dû de même exprimer *sol* quinte d'*ut* par $\frac{2}{3}$, & enfin apéller $\frac{1}{2}$ l'octave d'*ut*.

5. Il étoit également facile de s'assurer des expressions que doivent avoir les autres intervalles, en pesant les marteaux qui rendoient ces intervalles, & en les comparant de même à celui qui rendoit le son le plus grave : ainsi l'on auroit trouvé que la seconde *re*, doit être exprimée par $\frac{8}{9}$, la tierce majeure *mi* par $\frac{4}{5}$, &c. parce que le marteau qui rend la seconde doit être $\frac{8}{9}$ de celui qui rend *ut* ; & que celui qui fait entendre la tierce majeure en doit être les quatre cinquiemes.

6. Après s'être ainsi assuré qu'il étoit possible de donner des expressions numériques aux différens dégrés du son, en les confondant, pour ainsi dire, avec les corps sonores qui les produisent, la Musique qui jusqu'alors n'avoit eu d'autres regles ni d'autres principes que le goût, est devenue l'objet des plus savantes combinaisons. Cet art enchanteur en se soumettant à une précision géométrique, n'a fait qu'acquérir de nouvelles perfections. Les découvertes que les Savans ont faites dans la Théorie, ont servi de guide aux praticiens. Leur goût s'est formé d'autant mieux, qu'il ne leur a plus été permis de s'abandonner aux écarts d'un génie souvent déréglé ; ils n'en ont acquis que plus de droit de s'emparer de toutes les facultés de notre ame, & d'y faire naître les différentes impressions qu'ils jugeoient à propos.

7. On a recherché différens moyens de s'assurer des expressions que Pythagore avoit

données aux dégrés du son ; mais de ces moyens, le plus simple, à notre avis, est celui qu'offre une corde sonore tendue sur une table; cette corde rendra des sons différens, selon qu'elle sera plus ou moins longue, ou plus ou moins tendue.

8°. Soit une corde sonore, o 1, tendue sur une table faite d'un bois assez léger pour que les sons soient très-sensibles ; divisons cette corde de la maniere qui soit la plus simple & qui puisse cependant nous procurer le plus grand nombre de sons différens, c'est-à-dire, divisons la tour à tour par chacun des termes de la progression naturelle des nombres – 1. 2. 3. 4. 5. 6, &c. ou, ce qui est la même chose, prenons-en tour à tour la moitié, le tiers, le quart, &c. En supposant que la corde entiere rende le son *ut*, sa moitié o $\frac{1}{2}$ rendra *ut* à l'octave : son tiers o $\frac{1}{3}$ rendra *sol* douzieme au-dessus du son de la corde totale : le quart de cette corde o $\frac{1}{4}$ en rendra la double octave *ut*; le 5e., le 6e., le 7e. de cette corde rendront les sons *mi, sol, si* (*a*) c'est-à-dire, la tierce majeure, la quinte & la septieme mineure au-dessus du dernier *ut*. Enfin les parties de la corde $\frac{1}{8} \frac{1}{9} \frac{1}{10} \frac{1}{11} \frac{1}{12} \frac{1}{13} \frac{1}{14} \frac{1}{15}$ $\frac{1}{16}$ rendront, à peu de chose près, les notes de la Gamme, ou, comme on dit, de l'échelle diatonique, *ut, re, mi, fa, sol, la, za, si, ut*, comme on peut le voir en suivant sur la figure toutes les divisions de la corde que l'on supose être toujours pincée du côté de o.

9. Nous avons donc une double expression des sons, car nous pouvons les appeller comme les termes de la progression naturelle des nombres qui ont servi à diviser la corde, ou bien nous pouvons les appeller comme les quotiens de chaque division, c'est-à-dire, comme les longueurs des cordes.

10. Si nous voulons exprimer les sons comme

───────────────

(*a*) *Nous avertissons que dans toute la suite de cet ouvrage nous appellerons* za, *la note que les Musiciens ont coutume d'appeler* si♭, *ainsi que l'on peut déja le voir dans la figure.*

sur la Théorie de la Musique. 9

me les diviseurs, en appellant 1 le son de la corde totale, nous appellerons 2 le son de sa moitié, 3 le son rendu par son tiers, &c.

11. Si nous voulons au contraire exprimer les sons comme les quotiens, ou comme les longueurs des cordes, en appellant 1 le son de la corde totale, nous appellerons $\frac{1}{2}$ le son de sa moitié, $\frac{1}{3}$ le son du tiers de cette corde, &c.

12. Nous avons dit (7) que l'on pouvoit encore changer le son d'une corde en augmentant ou en diminuant sa tension. Supposez l'une des extrêmités de la corde fixe sur un chevalet, suspendez des poids à l'autre extrêmité, la corde rendra des sons plus ou moins aigus, selon que les poids seront plus ou moins lourds. Or, l'on a éprouvé que les pesanteurs de ces poids doivent être réciproquement comme les quarrés des longueurs de la corde qui rendent les mêmes sons. (*a*) Donc en supposant que la

---

(*a*) *Le Pere Mersenne a observé que cette pesanteur ne suffisoit point pour faire rendre à une corde le même son qu'elle auroit ren-*

B

corde tendue par un poids d'une livre rende le son 1, le poids qu'il faudra mettre à cette corde pour lui faire rendre l'octave, sera réciproquement comme le quarré de $\frac{1}{2}$ ou sera 4; de même pour obtenir sur la corde entiere les sons que nous avons déjà appellés $\frac{1}{3}, \frac{1}{4}, \frac{1}{5}$, &c. il faudra suspendre tour-à-tour à la corde des poids de 9, de 16, de 25 livres, &c.

13. Ainsi en appellant 1 le son que rend la corde lorsqu'elle est tendue par un poids d'une livre, on appellera 4 son octave, 9 la quinte de cette octave, 16 la double octave, &c. & les notes de l'échelle diatonique que nous avons appellées $\frac{1}{8}, \frac{1}{9}, \frac{1}{10}, \frac{1}{11}, \frac{1}{12}, \frac{1}{13}, \frac{1}{14}, \frac{1}{15}, \frac{1}{16}$, on les appellera, si on veut les exprimer comme les tensions des cordes, 64, 81, 100, 121, 144, 169, 196, 225, 256.

---

du, étant divisée par la racine quarrée de la pesanteur des poids ; cela vient vraisemblablement de ce que la corde est gênée en pressant fortement contre les chevalets ; plus les poids ont de pesanteur, plus la corde doit presser, & cette action doit diminuer un peu l'effet de ces poids.

14. On doit voir clairement à préfent que les différentes expreffions que l'on donne aux fons ne leur appartiennent point à parler éxactement, mais feulement aux effets dont ils réfultent. Au refte fans nous embarraffer dans toutes ces différentes manieres d'exprimer les fons, nous avertiffons que dans toute la fuite de cet ouvrage nous les exprimerons comme ils le font figure premiere, c'eft-à-dire comme les longueurs des cordes. Nous appellerons donc toujours 1 le fon d'une corde entiere, $\frac{1}{2}$ le fon de fa moitié, $\frac{1}{3}$ le fon du tiers de cette corde, &c. Nous préférons ces expreffions à toutes les autres, parce que nous croyons que les longueurs des cordes font plus fenfibles, attachent davantage l'efprit, & jettent moins de confufion que ne pourroit faire toute autre maniere de les exprimer. Il eft vrai que nous différerons en cela des modernes qui ont traité le même fujet, & qui les expriment comme les divifeurs de la corde, ou réciproquement aux

longueurs des cordes. Mais il sera très-aisé de ramener nos expressions à celles des modernes, il ne faudra que renverser chaque fraction, c'est-à-dire, du dénominateur en faire le numérateur, & du numérateur en faire le dénominateur, pour avoir les mêmes expressions que les modernes ont coutume de donner aux dégrés du son.

CHAPITRE SECOND.

Origine de la Gamme ou Echelle diatonique.

15. UNe corde entiere rendant le son *ut*, sa moitié rendra l'octave au-dessus de ce son (8). Donc pour avoir l'octave au-dessus d'un son quelconque, il faut prendre la moitié de la corde qui rend ce son ; & pour avoir l'octave au-dessous d'un son quelconque, il faut doubler la corde qui rend ce son. Cette conséquence est nécessaire ; car les corps sonores produisent les mêmes intervalles, quand leurs rapports sont les mêmes, (3) donc toutes les fois que deux corps sonores seront entre eux comme 1 à $\frac{1}{2}$, ou en général en raison double, ils doivent produire un intervalle d'octave.

16. Nous pouvons donc remplir toutes les octaves de notre échelle de toutes les notes qui ne se trouvent que dans la quatriéme oc-

tave, en multipliant les longueurs des cordes qui rendent chacune de ces notes, par 2, par 4, & par 8; ou, ce qui est la même chose, en divisant les expressions de chacune de ces notes par $\frac{1}{2}, \frac{1}{4}, \frac{1}{8}$; car les produits ou les quotiens sont les mêmes, si l'on multiplie un nombre quelconque par deux, ou si on le divise par $\frac{1}{2}$. (a)

17. Nous marquerons par la suite les expressions des sons au-dessus de chaque son, afin de pouvoir désigner l'octave dans laquelle le son se trouvera. Ainsi au-dessus du son *ut*, le plus grave de notre échelle, nous écrirons 1 ou $\overset{1}{ut}$; au-dessus de son octave nous écrirons $\frac{1}{2}$, &c.

18. Pour remplir la troisieme octave de notre échelle $\overset{\frac{1}{4}}{ut}$ $\overset{\frac{1}{8}}{ut}$ des notes qui ne se trouvent que dans la quatrieme, nous doublerons les cordes

---

(a) *En général* $n \times n = \frac{n}{\frac{1}{n}}$

sur la Théorie de la Musique. 15

qui rendent ces notes $\overset{\frac{1}{9}}{re}, \overset{\frac{1}{11}}{fa}, \overset{\frac{1}{13}}{la}, \overset{\frac{1}{15}}{si}$, où nous diviserons leurs expressions par $\frac{1}{2}$. En faisant la même chose pour les autres octaves, nous aurons quatre octaves complettes, telles qu'on les voit *figure II*, dans laquelle nous avons écrit au-dessous de la ligne qui représente la corde, les notes que nous avons abaissées des octaves supérieures, avec les valeurs de chacune de ces notes. (*a*)

19. Puisque tous les sons qui se trouvent dans chaque octave peuvent être considérés comme les produits des mêmes sons pris dans une autre octave par une même quantité, il s'ensuit que deux sons quelconques, pris dans une octave, seront géométriquement, comme les deux mêmes sons pris dans une autre octave, ce qui est évident.

20. Si l'on compare à présent la premiere

(*a*) *Dans cette figure nous avons réduit aux expressions les plus simples, celles des fractions qui peuvent s'y réduire.*

octave de notre échelle $ut, \overset{\frac{8}{9}}{re}, \overset{\frac{4}{5}}{mi}, \overset{\frac{8}{11}}{fa}, \overset{\frac{2}{3}}{sol}$, $\overset{\frac{8}{13}}{la}, \overset{\frac{4}{7}}{za}, \overset{\frac{8}{15}}{si}, \overset{\frac{1}{2}}{ut}$ avec l'échelle diatonique ordinaire $ut, \overset{\frac{8}{9}}{re}, \overset{\frac{4}{5}}{mi}, \overset{\frac{3}{4}}{fa}, \overset{\frac{2}{3}}{sol}, \overset{\frac{16}{27}}{la}, \overset{\frac{8}{15}}{si}, \overset{\frac{1}{2}}{ut}$, on sera sans doute surpris que notre gamme, dont nous avons trouvé l'origine d'une maniére aussi simple & aussi naturelle, soit cependant si peu différente de la gamme qui est en usage; gamme dont on a imaginé l'origine avec tant de peine, en faisant un grand nombre de suppositions qui paroissent se détruire mutuellement.

21. Les seules différences qui se trouvent entre ces deux gammes, sont 1°. une note de plus $\overset{\frac{4}{7}}{za}$ dans notre gamme que dans la gamme ordinaire. Cette différence ne doit pas prévenir contre nous : la gamme dont on se sert aujourd'hui a été très-long-temps sans avoir même de *si* naturel ; on a senti combien cette note de plus procureroit de facilité dans la

sur la Théorie de la Musique. 17

la pratique, & on l'a introduite dans la gamme. Apréfent plusieurs Musiciens trouvent qu'outre ce *si* naturel, l'introduction d'un si♭ rendroit la gamme encore plus facile à chanter; nous remplissons leurs vœux. 2°. Les notes *fa*, *la* de notre gamme n'ont pas les mêmes valeurs que les mêmes notes de la gamme en usage (*e*). Le *fa* de notre échelle est un peu plus haut que le *fa* de la gamme, qui jusqu'à présent a été usitée. Car ce *fa* de notre échelle est rendu par la corde o $\frac{8}{11}$ au lieu que le *fa* des Musiciens est rendu par la corde o $\frac{3}{4}$. De même le *la* de notre échelle est un peu plus bas que le *la* de l'ancienne échelle; car ce *la* de notre échelle est rendu par la corde o $\frac{8}{13}$ au lieu que le *la* des Musiciens est rendu par la corde o $\frac{16}{27}$. Ces différences ne feront

---

(*e*) *Nous dirons* (110 & 111) *quelle est l'origine de ces différences.*

C

18 *Recherches*

aucune impression contre nous si l'on remarque que les notes de la gamme usitée ne peuvent avoir pour la plupart une expression constante. Par exemple, *la* est appellé quelquefois $\overset{\frac{16}{27}}{la}$, comme quinte de *re*, & quelquefois il est appellé $\overset{\frac{3}{5}}{la}$ comme tierce majeure de $\overset{\frac{3}{4}}{fa}$. On peut dire la même chose des autres notes, quand on les considere dans différents modes.

CHAPITRE TROISIEME.

Comment on doit exprimer les intervalles.

22. ON nomme intervalle la distance d'un son à un autre. Un intervalle prend différents noms suivant que la distance est plus ou moins grande. Par exemple, on appelle intervalle de seconde la distance d'*ut* à *re*, intervalle de tierce la distance d'*ut* à *mi*, intervalle de quarte la distance de *re* à *sol*, &c. Ordinairement au lieu de dire un intervalle de seconde, de tierce, &c. on dit tout simplement une seconde, une tierce, une quarte, &c. (*f*)

(*f*) *Dans la gamme des Musiciens il n'y a que sept intervalles, il y en a huit dans la nôtre. Nous devrions donc appeller une neuvième, ce que les Musiciens appellent une octave; mais en changeant les termes usités, nous nous exposerions à n'être point entendus de ceux pour qui ces termes sont familiers. Ainsi nous continuerons d'appeller octave les sons que les Musiciens*

23. Suivant les définitions que nous venons de donner du mot *intervalle*, il paroît que l'on devroit exprimer les intervalles comme les longueurs des cordes comprises entre les deux sons dont on veut marquer les intervalles. Par exemple, l'intervalle d'$\overset{1}{ut}$ à sa quinte $\overset{\frac{2}{3}}{sol}$ devroit être exprimé par la longueur de la corde $\overset{1}{ut}$, $\overset{\frac{2}{3}}{sol}$; c'est-à-dire par $\frac{1}{3}$ puisque cette corde $\overset{1}{ut}$, $\overset{\frac{2}{3}}{sol}$ est le tiers de la corde entiere o 1. De même l'intervalle de tierce majeure $\overset{1}{ut}$, $\overset{\frac{4}{5}}{mi}$ devroit être exprimé par $\frac{1}{5}$, &c. Les Musiciens expriment tout autrement ces intervalles; car au lieu d'exprimer l'intervalle de quinte par $\frac{1}{3}$, ou comme la longueur de la corde $\overset{1}{ut}$, $\overset{\frac{2}{3}}{sol}$, ils l'expriment par la corde o $\overset{\frac{2}{3}}{sol}$, qui est le supplément de la corde $\overset{1}{ut}$,

---

ont coutume d'appeller ainsi, & qui sont, pour ainsi dire, équisonants.

sur la Théorie de la Musique. 21

$\frac{2}{3}$
fol. L'expression de la quinte est donc chez eux $\frac{2}{3}$. En général en supposant que le son le plus grave d'un intervalle est exprimé par l'unité, ils expriment cet intervalle comme le son le plus aigu du même intervalle.

24. Qu'un intervalle soit exprimé par la longueur de la corde comprise entre les deux sons qui le forment, ou par la longueur du reste de la corde, cela paroît assez indifférent pourvû qu'on s'entende. Cependant comme la premiere maniere semble être la plus naturelle, nous croyons à propos de rechercher pourquoi l'on a préféré la seconde. Si ce détail paroît ennuyeux, on se souviendra que ce sont des recherches que nous faisons ici, & nous ne croyons pas celles-ci déplacées.

25. Pour trouver l'expression d'un intervalle suivant la premiere méthode, il faut souftraire l'expression du son le plus aigu, de l'expression du son le plus grave. Mais cette opé-

ration qui est suffisante lorsque le son le plus grave est l'unité, ne l'est point lorsque ce son le plus grave est autrement exprimé que par l'unité. Car comme on n'est intéressé à connoître les intervalles que pour les comparer entre eux, il est absolument nécessaire, pour pouvoir les comparer, que chacun de ces intervalles ait un son dont l'expression soit commune, sans quoi il n'y auroit entre eux aucun moyen de comparaison. Ainsi quand le son le plus grave n'est pas l'unité, il faut encore le réduire à l'unité, & chercher quel est l'intervalle que le son le plus aigu forme avec ce son ainsi réduit. Si je veux donc trouver par cette méthode l'intervalle d'*ut* à *sol* $\frac{1}{2}$ $\frac{1}{3}$, il faudra soustraire $\frac{1}{2}$ de $\frac{1}{3}$, pour cela il faudra (XII) réduire les deux fractions au même dénominateur, j'aurai $\frac{2}{6}$ & $\frac{3}{6}$ dont la différence est $\frac{1}{6}$. Pour réduire ensuite $\frac{1}{6}$ à la même expression que l'on auroit trouvée, si le

sur la Théorie de la Musique. 23

son le plus grave au lieu d'être $\frac{1}{2}$ avoit été 1, il faudra faire cette régle de trois $\frac{1}{2}\cdot\frac{1}{6}::1.x$ en divisant $\frac{1}{6}$ par $\frac{1}{2}$ on trouvera pour quotient ou pour quatrieme terme $\frac{2}{6}$ ou bien $\frac{1}{3}$ comme nous l'avons déja trouvé (23).

26. On voit par là que cette méthode exige des opérations assez compliquées, quoiqu'elle paroisse d'abord la plus naturelle, puisqu'il faut réduire au même dénominateur, souftraire & diviser. Voyons à présent si l'on n'auroit pas plus de facilité à exprimer les intervalles en se servant de la seconde méthode ; c'est-à-dire, à les exprimer comme les supplémens des cordes comprises entre les sons des intervalles. Or, en suivant cette méthode, il est clair que si le son le plus grave est l'unité, l'expression du son le plus aigu sera l'expression même de l'intervalle; puisqu'alors l'intervalle sera exprimé par la corde qui rendra le son aigu. Ainsi $\frac{2}{3}$ exprime l'intervalle de quinte $\overset{1}{ut}$, $\overset{\frac{2}{3}}{sol}$; $\frac{4}{5}$

exprime la tierce majeure $\overset{1}{ut}$, $\overset{\frac{4}{5}}{mi}$, &c. Mais si le son le plus grave n'étoit pas l'unité, il faudroit alors par une regle de trois le réduire à l'unité. Suppofons que je cherche quel eft l'expreffion de l'intervalle $\overset{\frac{1}{2}}{ut}$, $\overset{\frac{1}{3}}{fol}$, je dois dire, fi la note *ut* étoit exprimée par 1, cet intervalle feroit $\frac{1}{3}$; mais *ut* eft $\frac{1}{2}$, il faut donc faire cette regle de trois $\frac{1}{2} \cdot \frac{1}{3} :: 1 \cdot x$., il eft clair que le quatrieme terme fera $\frac{1}{3}$ divifé par $\frac{1}{2}$ ou bien $\frac{2}{3}$ comme nous l'avons déja dit (23), d'où il faut conclure que le troifieme terme de la regle de trois étant toujours l'unité, il faut fe contenter de divifer le fecond par le premier pour avoir le quatrieme, ou l'expreffion de l'intervalle : ou, plus fimplement, que pour avoir l'intervalle de deux fons, dont le premier eft autre que l'unité, il faudra divifer le plus aigu par le plus grave. Donc pour trouver l'intervalle que deux fons forment entre eux lorfque le plus grave de ces fons eft

sur la Théorie de la Musique. 25

est autre que l'unité, il suffira (XV) de mettre le dénominateur du son le plus grave à la place du numérateur du son le plus aigu ; la fraction qui en résultera sera l'expression de l'intervalle que ces sons forment entre eux. Si les fractions avoient des numérateurs différents, il faudroit auparavant les réduire au même. (IX)

27. Ainsi pour exprimer l'intervalle de $\overset{\frac{2}{3}}{sol}$ à $\overset{\frac{4}{9}}{re}$, je réduis d'abord la fraction $\frac{2}{3}$ au même numérateur que $\frac{4}{9}$ en multipliant ses deux termes par 2, cette fraction devient $\frac{4}{6}$, des deux dénominateurs de ces fractions $\frac{4}{6}$ & $\frac{4}{9}$, je forme la fraction $\frac{6}{9}$ ou $\frac{2}{3}$ qui est l'expression de l'intervalle de $\overset{\frac{2}{3}}{sol}$ à $\overset{\frac{4}{9}}{re}$. De même pour connoître l'intervalle que forment entre eux les sons $\overset{\frac{4}{15}}{si}$, $\overset{\frac{1}{5}}{mi}$, je réduis la fraction $\frac{1}{5}$ à la fraction $\frac{4}{20}$: des deux dénominateurs de ces fractions $\frac{4}{15}$ $\frac{4}{20}$ se forme la fraction $\frac{15}{20}$ ou $\frac{3}{4}$ ex-

D

pression de l'intervalle de $\overset{\frac{4}{15}}{\textit{si}}$ à $\overset{\frac{1}{5}}{\textit{mi}}$.

28. Il est donc sensible qu'il seroit beaucoup plus long de trouver l'expression d'un intervalle en regardant cette expression comme la corde comprise entre les deux sons de l'intervalle, qu'en la regardant comme le supplément de cette corde. Nous nous servirons donc de cette derniere méthode, ainsi que tous ceux qui ont traité de la Théorie de la Musique (*g*).

29. Il ne doit plus être difficile de déterminer l'expression d'un intervalle, quand on connoît les sons dont cet intervalle est composé. Mais si l'on ne connoissoit qu'un seul de ces sons, le plus grave par exemple, & si l'on demandoit quel est l'autre son qui feroit avec

---

(g) *Si l'on exprimoit les sons comme les diviseurs de la corde, il faudroit donner aux intervalles des expressions renversées de celles que nous venons de leur donner: ce seroit alors le dénominateur du son le plus aigu qui deviendroit le numérateur de la fraction.*

sur la Théorie de la Musique.

lui un intervalle donné ; il seroit très-aisé après ce que nous venons de dire, de résoudre ce problême. Si l'on demande quel est le son qui feroit avec *mi* $\frac{4}{5}$ un intervalle qui s'exprimeroit par $\frac{2}{3}$, je remarquerai d'abord que si le son le plus grave étoit l'unité, $\frac{2}{3}$ seroit l'expression même de cet intervalle [26] ; mais le son le plus grave est $\frac{4}{5}$, il faut donc multiplier l'expression de l'intervalle par $\frac{4}{5}$, & l'on aura *si* $\frac{8}{15}$.

30. Si l'on eût recherché le son le plus grave d'un intervalle donné, le son le plus aigu étant aussi donné ; alors il est clair qu'il auroit fallu diviser l'expression de ce son le plus aigu par l'expression de l'intervalle, & l'on auroit obtenu l'expression du son le plus grave. Si l'on demande la quinte $\frac{2}{3}$ au-dessous de *ut* $\frac{1}{2}$, divisez $\frac{1}{2}$ par $\frac{2}{3}$, vous aurez $\frac{3}{4}$ qui sera l'expression de ce son, c'est-à-dire que les trois quarts de la corde entiere rendroient la quinte $\frac{2}{3}$ au-des-

fous de *ut*. De même si vous voulez avoir un son qui soit à la quinte au-dessous de $\overset{\frac{2}{15}}{fi}$, divisez $\frac{2}{15}$ par $\frac{2}{3}$, vous aurez $\frac{6}{30}$ ou $\frac{1}{5}$, expression de la quinte au-dessous de $\overset{\frac{2}{15}}{fi}$: rien n'est plus facile après ce que nous avons déja dit que de se démontrer toutes ces opérations.

31. Il arrivera très-souvent qu'un son dont on trouvera l'expression par les méthodes que nous venons de donner, ne se rencontrera pas dans notre échelle. Par exemple, si l'on cherche la quinte $\frac{2}{3}$ de $\overset{\frac{8}{9}}{re}$, on trouvera que le son qui rendroit avec $\overset{\frac{8}{9}}{re}$ une quinte $\frac{2}{3}$ seroit exprimé par $\frac{16}{27}$. Or, il n'y a point dans notre échelle de sons qui puisse être exprimé ainsi; mais il est aisé de voir que celui qui en approche davantage est $\overset{\frac{8}{13} \text{ ou } \frac{16}{26}}{la}$, par conséquent la quinte $\overset{\frac{8}{9}}{re}$, $\overset{\frac{8}{13}}{la}$ doit être exprimée par $\frac{9}{13}$, & non pas par $\frac{2}{3}$. Si l'on veut comparer ensemble les

sur la Théorie de la Musique. 29

deux intervalles $\frac{9}{13}$ & $\frac{2}{3}$ afin de connoître leur rapport, il faudra réduire ces fractions au même dénominateur, (VIII) elles deviendront $\frac{27}{39}$ & $\frac{26}{39}$. Le dénominateur commun 39 marque le nombre de parties dans lesquelles la corde o $\overset{\frac{8}{9}}{re}$, qui rend le son le plus grave de ces intervalles, a été divisée; le plus grand numérateur 27 marque le nombre qu'il faut prendre de ces parties pour rendre le son le plus aigu de l'intervalle le plus foible; le plus petit numérateur marque le nombre qu'il faut prendre de ces mêmes parties pour rendre le son le plus aigu de l'intervalle le plus fort. Enfin la différence $\frac{1}{39}$ de ces deux fractions marque que la partie de la corde comprise entre $\overset{\frac{8}{13}}{la}$ & $\frac{16}{27}$ [*figure II*] est $\frac{1}{39}$ de la corde o $\overset{\frac{8}{9}}{re}$ qui rend l'intervalle le plus grave.

32. Puisque les expressions des intervalles, dont les sons graves ont été réduits à l'unité, servent aussi à exprimer les sons aigus de ces

mêmes intervalles, [25] il s'enfuit que les intervalles doivent être entre eux comme leurs sons aigus, & ces sons aigus doivent être entre eux comme les cordes qui les produisent. Or, puisque, comme nous venons de le dire, les numérateurs désignent ces cordes, quand les expressions ont été réduites au même dénominateur; il s'enfuit encore que les intervalles doivent être entre eux comme les numérateurs de leurs expressions réduites au même dénominateur; mais le plus grand numérateur étant l'expression de la corde qui rend le son aigu de l'intervalle le plus foible, & le plus petit numérateur étant l'expression de la corde qui rend le son aigu de l'intervalle le plus fort, les intervalles ne sont donc point entre eux *directement*, mais sont entre eux *réciproquement* (h) comme ces numéra-

---

(h) *Je dis* réciproquement; *mais si ces intervalles étoient exprimés à la manière des modernes, ou comme nous avons dit*

sur la Théorie de la Musique. 31

teurs ; c'est-à-dire, que l'intervalle le plus *fort* est à l'intervalle le plus *foible*, comme le plus *petit* numérateur est au plus *grand*. Ainsi l'intervalle *re, la* $\overset{\frac{8}{9}}{\frac{9}{13}}$ étant devenu $\overset{}{\frac{27}{39}}$, on doit conclure que cet intervalle est plus foible que l'intervalle *re , la* $\overset{\frac{8}{9}}{\frac{2}{3}} \overset{\frac{16}{27}}{}$, parceque $\frac{2}{3}$ étant réduit au même dénominateur que $\frac{27}{39}$ devient $\frac{26}{39}$ dont le numérateur 26 est plus petit que 27. Le plus grand intervalle $\frac{2}{3}$ est donc au plus petit intervalle $\frac{9}{13}$ réciproquement comme 26 à 27, ou directement comme 27 à 26.

33. Il est donc facile de connoître les rapports que les intervalles ont entre eux ; mais si l'on demandoit encore quelle est la différence des deux intervalles $\frac{9}{13}$ & $\frac{2}{3}$; c'est-à-dire, quel est l'intervalle qu'il faudroit ajoûter au plus foible pour le rendre égal au plus fort,

---

dans la note précédente ; alors ces intervalles seroient entre eux directement *comme les numérateurs de leurs expressions réduites au même dénominateur.*

[car je ne comprends pas autrement cette question] il suffiroit de chercher l'intervalle que formeroient entre eux les deux expressions $\frac{9}{13}$ & $\frac{2}{3}$: l'on trouvera par la méthode de l'article 26 que cet intervalle seroit $\frac{26}{27}$: donc si à l'intervalle $\frac{9}{13}$ on ajoûte l'intervalle $\frac{26}{27}$, on aura un nouvel intervalle égal à $\frac{2}{3}$. [*i*]

34. Reprenons en peu de mots ce que nous avons dit dans ce Chapitre qui doit paroître fort long. 1°. Si l'on veut avoir l'intervalle de deux sons dont on connoît les expressions, il faudra réduire ces expressions au même numérateur, & du dénominateur du son le plus grave en faire le numérateur du son le plus aigu, à qui on laissera le même dénominateur ;

___

(*i*) *Si, pour comparer les intervalles, on réduisoit leurs expressions au même numérateur, au lieu de les réduire, comme nous avons fait, au même dénominateur, alors on trouveroit que ces intervalles seroient entre eux* directement *comme les dénominateurs de leurs expressions ainsi réduites, & non pas réciproquement.*

nominateur ; cette nouvelle fraction sera l'expreſſion de l'intervalle.

35. 2°. Pour avoir un ſon qui faſſe avec un autre ſon donné un intervalle auſſi donné ; ſi le ſon donné doit être le plus grave, il faudra multiplier l'expreſſion de ce ſon par l'expreſſion de l'intervalle ; ſi le ſon donné doit être le plus aigu, il faudra diviſer l'expreſſion de ce ſon par l'expreſſion de l'intervalle.

36. 3°. Enfin, ſi l'on veut comparer enſemble deux intervalles, il faudra réduire les expreſſions de ces intervalles au même dénominateur : celle des deux fractions, dont le numérateur ſera le plus grand, exprimera l'intervalle le plus foible, & ces intervalles ſeront entre eux réciproquement comme les numérateurs.

CHAPITRE QUATRIEME.

Examen de notre échelle, ou de la corde divisée par la suite naturelle des nombres.

37. CE qui frappe d'abord dans notre échelle, c'est que tous les intervalles formés par deux sons immédiatement voisins, décroissent comme les longueurs des cordes. Les deux premiers sons forment un intervalle d'octave; le deuxieme & le troisieme, forment une quinte; on trouve ensuite une quarte, une tierce majeure, une mineure, une seconde tierce mineure plus foible que la premiere, une troisiéme tierce mineure plus foible encore que la seconde; (*j*) enfin ce que les Mu-

---

(*j*) M. Levens, Maître de Musique de l'Eglise Métropolitaine de Bordeaux, dont le mérite est connu de tous nos Maîtres, dans un ouvrage intitulé : Abrégé des régles de l'harmonie [*à Bordeaux chez Chapuis* 1743] a divisé comme nous la corde par la progression arithmétique ; il a donc trouvé les

sur la Théorie de la Musique.

ficiens ont appellé un ton majeur, puis un ton mineur, & ainsi de suite. Cela doit être dé-

mêmes intervalles. Mais cette dernière tierce $\frac{7}{8}$ il l'a appellée un ton majeur, & ce que nous avons coutume d'appeller un ton majeur, il l'a appellé un ton parfait, &c. Si M. Levens eût continué de marcher par la route qu'il s'étoit frayée, il auroit bien-tôt vû qu'il falloit admettre plus de trois tons ; & par conséquent il auroit abandonné toutes ces dénominations. Mais M. Levens n'a poussé sa division que jusqu'à mi : il a sans doute été effrayé de $\frac{1}{11}$; c'est ce que je ne conçois point. On me répéte continuellement qu'en musique l'oreille est le grand' Juge : eh qui est plus intéressé que moi à soutenir cette proposition, puisque je ne connois pas une seule expérience faite sur les sons qui ne semble ressortir de mes principes, & qui ne serve à les confirmer ? Voyez le Chapitre 5. Ce ton $\overset{\frac{1}{11}}{fa}$ n'a certainement rien de choquant sur le Cor-de-Chasse, &c., quand il n'est point accompagné d'autres instruments qui rendent $\overset{\frac{3}{32}}{fa}$; pourquoi donc passera-t'il pour être plus faux que $\overset{\frac{3}{32}}{fa}$? Si ces deux fa résonnent ensemble, l'oreille est déchirée, j'en conviens. Mais s'ensuit-il de là qu'un des deux tons soit faux ? Non sans doute. Car puisque ces deux sons entendus séparément font

montré pour tous ceux qui ont des yeux ; car les sons étant exprimés comme les quotiens d'une même corde divisée par la suite naturelle des nombres, tous les diviseurs étant différens, tous les quotiens doivent aussi être différens. Les cordes doivent diminuer à chaque division, parce que les diviseurs vont toujours en augmentant : & par conséquent les intervalles doivent toujours se rapprocher

d'ailleurs un bon effet, il s'ensuit simplement qu'ils ne sont point faits pour être entendus ensemble, & c'est, je crois, ce dont tout le monde conviendra. Revenons à M. Levens, & convenons aussi qu'un Musicien si habile, qui étoit rempli de notre pratique ordinaire, qui regardoit les règles des accords, le système de basse fondamentale comme le fondement de toute harmonie, ou plutôt de toute musique ; convenons, dis-je, qu'il devoit avoir beaucoup de peine à rejetter de son système fa$\overline{\frac{3}{3\,2}}$, *sous dominante du mode, pour admettre en sa place* fa$\overline{\frac{3}{3}}$; *puisqu'en rejettant* fa$\overline{\frac{3}{3\,2}}$, *il falloit absolument renoncer à tout le système de la basse fondamentale.*

de maniere même à se confondre à une certaine distance. (k)

38. Aristoxène prétendoit que tous les tons de la gamme devoient être égaux. Pythagore soutenoit que s'il devoit y avoir des tons égaux dans la gamme, il devoit aussi y en avoir d'inégaux ; & il distinguoit des tons majeurs & des semi-tons. Nous disons ici plus que Pythagore. Il ne doit point y avoir dans la gamme deux tons qui puissent se ressembler. Si le premier intervalle de la gamme est $\frac{8}{9}$, tel que Pythagore l'a assigné, tous les autres doivent aller en décroissant, & pas un ne doit être égal à un autre. Ce n'est point l'oreille qu'il faut consulter dans cette question, elle est absolument incapable de la juger : notre assertion ne peut donc être appuyée que sur des preuves tirées des expériences qui peuvent y avoir rapport, ou sur des inductions

_____

(k) Ces intervalles décroissent comme les termes de la suite $\frac{1}{2}, \frac{2}{3}, \frac{3}{4}, \frac{4}{5}, \frac{5}{6}, \frac{6}{7}, \frac{7}{8}, \frac{8}{9}, \&c.$

tirées des choses analogues. C'est aussi sur quoi nous espérons l'établir par la suite.

39. Puisque dans notre échelle tous les intervalles vont en diminuant, & que toutes les octaves sont exactement semblables entre elles, (19) il s'ensuit que chaque nouvelle octave doit acquérir de nouvelles notes; & par conséquent que l'on doit compter dans chacune un plus grand nombre d'intervalles que dans les précédentes. On voit effectivement que dans la premiere de toutes les octaves $ut, ut^{\frac{1}{2}}$, il n'y a qu'un seul intervalle lequel est un intervalle d'octave : il y en a deux dans la seconde, un intervalle de quinte & un intervalle de quarte : dans la troisieme il y en a 4, dans la quatrieme il y en a 8, dans la cinquieme 16, &c. En général le nombre des intervalles, compris dans chaque octave, suit les termes de la progression double ÷ 1, 2, 4, 8, 16, 32, 64, &c.

sur la Théorie de la Musique. 39

40. Donc si l'on prend dans différentes octaves de notre échelle des intervalles qui contiennent entre eux le même nombre de notes : par exemple, si l'on prend l'intervalle re, $\frac{8}{9}$ la $\frac{8}{15}$ qui contient le même nombre de notes que l'intervalle ut, sol $1\frac{2}{3}$, (figure II.) on trouvera que cet intervalle *re, la* est plus foible que l'intervalle *ut, sol.*, ce qui est évident. Car l'intervalle *re, la* est composé des mêmes intervalles que *ut, sol*, excepté qu'au ton *ut, re*, on a substitué le ton *sol, la* ; mais le ton *sol, la* étant plus foible que le ton *ut, re*, la quinte *re, la* doit donc être plus foible que la quinte *ut, sol* (*l*).

---

(1) *Nous avons trouvé* (32) *que ces deux quintes* ut, sol $1\frac{2}{3}$, *& re, la* $\frac{8}{9}\frac{8}{15}$, *sont entre elles comme* 27 *&* 26, *on auroit trouvé par la même méthode que les deux tons* ut, re $\frac{8}{9}$ *& sol, la* $\frac{12}{13}$ *sont aussi entre eux comme* 27 *&* 26, *il est donc évident qu'il n'y a d'autre différence entre les deux quintes* ut, sol *&* re, la *que la différence qui se trouve entre les tons* ut, re *&* sol, la.

Recherches

41. Comme il ne feroit pas facile de mettre fous les yeux du Lecteur une corde divifée régulièrement, & fur laquelle on pourroit trouver fix ou fept octaves, nous y fuppléons en donnant ici une table dans laquelle on trouvera toutes les notes que rendroit une corde fonore divifée par la fuite naturelle des nombres jufqu'à 128.

Table des 128 premieres Notes de l'échelle harmonique.

1	$\frac{1}{2}$	$\frac{1}{3}$	$\frac{1}{4}$	$\frac{1}{5}$	$\frac{1}{6}$	$\frac{1}{7}$	$\frac{1}{8}$	$\frac{1}{9}$	$\frac{1}{10}$	$\frac{1}{11}$	$\frac{1}{12}$
ut	ut	fol	ut	mi	fol	za	ut	re	mi	fa	fol

$\frac{1}{13}$	$\frac{1}{14}$	$\frac{1}{15}$	$\frac{1}{16}$	$\frac{1}{17}$	$\frac{1}{18}$	$\frac{1}{19}$	$\frac{1}{20}$	$\frac{1}{21}$	$\frac{1}{22}$	$\frac{1}{23}$
la	za	fi	ut	✕	re	✕	mi	✕	fa	✕

$\frac{1}{24}$	$\frac{1}{25}$	$\frac{1}{26}$	$\frac{1}{27}$	$\frac{1}{28}$	$\frac{1}{29}$	$\frac{1}{30}$	$\frac{1}{31}$	$\frac{1}{32}$	$\frac{1}{33}$	$\frac{1}{34}$
fol	✕	la	✕	za	✕	fi	✕	ut	✕	✕

$\frac{1}{35}$	$\frac{1}{36}$	$\frac{1}{37}$	$\frac{1}{38}$	$\frac{1}{39}$	$\frac{1}{40}$	$\frac{1}{41}$	$\frac{1}{42}$	$\frac{1}{43}$	$\frac{1}{44}$	$\frac{1}{45}$
✕	re	✕	✕	✕	mi	✕	✕	✕	fa	✕

$\frac{1}{46}$	$\frac{1}{47}$	$\frac{1}{48}$	$\frac{1}{49}$	$\frac{1}{50}$	$\frac{1}{51}$	$\frac{1}{52}$	$\frac{1}{53}$	$\frac{1}{54}$	$\frac{1}{55}$	$\frac{1}{56}$
✕	✕	fol	✕	✕	✕	✕	la	✕	✕	za

$\frac{1}{57}$

sur la Théorie de la Musique. 41

$\frac{1}{57}$ $\frac{1}{58}$ $\frac{1}{59}$ $\frac{1}{60}$ $\frac{1}{61}$ $\frac{1}{62}$ $\frac{1}{63}$ $\frac{1}{64}$ $\frac{1}{65}$ $\frac{1}{66}$ $\frac{1}{67}$
✕ ✕ ✕ , fi ✕ ✕ ✕ , *ut* ✕

$\frac{1}{68}$ $\frac{1}{69}$ $\frac{1}{70}$ $\frac{1}{71}$ $\frac{1}{72}$ $\frac{1}{73}$ $\frac{1}{74}$ $\frac{1}{75}$ $\frac{1}{76}$ $\frac{1}{77}$ $\frac{1}{78}$ $\frac{1}{79}$ $\frac{1}{80}$ $\frac{1}{81}$
✕ ✕ *re* ✕ ✕ ✕ *mi*

$\frac{1}{82}$ $\frac{1}{83}$ $\frac{1}{84}$ $\frac{1}{85}$ $\frac{1}{86}$ $\frac{1}{87}$ $\frac{1}{88}$ $\frac{1}{89}$ $\frac{1}{90}$ $\frac{1}{91}$ $\frac{1}{92}$ $\frac{1}{93}$ $\frac{1}{94}$ $\frac{1}{95}$
✕ ✕ ✕ *fa* ✕ ✕ ✕

$\frac{1}{96}$ $\frac{1}{97}$ $\frac{1}{98}$ $\frac{1}{99}$ $\frac{1}{100}$ $\frac{1}{101}$ $\frac{1}{102}$ $\frac{1}{103}$ $\frac{1}{104}$ $\frac{1}{105}$ $\frac{1}{106}$ $\frac{1}{107}$ $\frac{1}{108}$ $\frac{1}{109}$
sol, ✕ ✕ ✕ *la* ✕ ✕

$\frac{1}{110}$ $\frac{1}{111}$ $\frac{1}{112}$ $\frac{1}{113}$ $\frac{1}{114}$ $\frac{1}{115}$ $\frac{1}{116}$ $\frac{1}{117}$ $\frac{1}{118}$ $\frac{1}{119}$ $\frac{1}{120}$ $\frac{1}{121}$ $\frac{1}{122}$ $\frac{1}{123}$
✕ *za*, ✕ ✕ ✕ *fi* ✕

$\frac{1}{124}$ $\frac{1}{125}$ $\frac{1}{126}$ $\frac{1}{127}$ $\frac{1}{128}$
✕ ✕ *ut*.

42. Cette Table étoit nécessaire pour l'intelligence de ce qui nous reste à dire sur l'échelle harmonique ; reprenons à présent notre éxamen. Nous avons vû [40] que l'intervalle $\overset{\frac{8}{9}}{re}$, $\overset{\frac{8}{1\cdot 3}}{la}$ étoit plus foible que l'intervalle $\overset{1}{ut}$, $\overset{\frac{2}{3}}{sol}$ quoique le premier soit composé du même nombre de notes que le second : On doit juger par les mêmes raisons que

F

l'intervalle $\overset{\frac{1}{10}}{mi}$, $\overset{\frac{1}{14}}{za}$ doit être encore plus foible que l'intervalle *re*, *la*, quoique ces intervalles soient toujours composés du même nombre de notes. Mais si au lieu de l'intervalle $\overset{\frac{1}{10}}{mi}$, $\overset{\frac{1}{14}}{za}$, on prend l'intervalle $\overset{\frac{1}{10}}{mi}$, $\overset{\frac{1}{15}}{si}$, composé d'une note de plus ; alors on aura un intervalle $\frac{10}{15}$ égale à l'intervalle $\overset{1}{ut}$, $\overset{\frac{2}{3}}{sol}$, $\overset{\frac{1}{10}}{mi}$ porte donc sa quinte juste dans l'échelle ; mais cette quinte n'est pas composée d'une suite de cinq notes seulement, elle est composée de six notes. On trouvera en suivant le même raisonnement, que $\overset{\frac{1}{12}}{sol}$ & $\overset{\frac{1}{14}}{za}$ ont aussi leurs quintes justes ; mais la quinte de $\overset{\frac{1}{12}}{sol}$ est composée d'une suite de 7 notes, & la quinte de $\overset{\frac{1}{14}}{za}$ est composée d'une suite de 8 notes. Les autres notes *re*, *fa*, *la*, *si* n'ont point dans la quatrieme octave d'autres notes qui fassent avec elles des intervalles semblables à l'intervalle *ut*, *sol*.

sur la Théorie de la Musique. 43

43. En général toutes les notes qui arrivent pour la premiere fois dans l'échelle, & que les Muſiciens ont coutume d'appeller notes de paſſage, ne portent point leur quinte juſte dans la premiere octave où elles ſe trouvent; mais elles obtiennent ce privilege dans les octaves ſuivantes. Ainſi les notes $mi^{\frac{1}{5}}$, $\chi a^{\frac{1}{7}}$, qui ſe trouvent pour la premiere fois dans la troiſieme octave, n'y portent point leur quinte juſte; mais elles la portent dans la quatrieme : de même les notes re, fa, la, ſi, qui paroiſſent pour la premiere fois dans la quatrieme octave, portent leur quinte juſte dans la cinquieme, &c. L'intervalle re$^{\frac{1}{18}}$, la ※$^{\frac{1}{27}}$, eſt $\frac{2}{3}$, l'intervalle fa$^{\frac{1}{22}}$, ut ☒$^{\frac{1}{33}}$ eſt $\frac{2}{3}$, &c. (m).

44. On peut dire la même choſe des tierces majeures. Chaque note porte ſa tierce, ma-

---

(m) *Nous avertiſſons que nous déſignerons les quarts de ton par ce ſigne* ※, *& les trois quarts de ton par cet autre ſigne* ☒. *C'eſt ainſi qu'on les voit dans la table* (41.)

F 2

jeure juste, deux octaves après celle où elle paroît pour la premiere fois. Les notes de la seconde octave $\frac{1}{5}$ $\frac{1}{3}$ *ut*, *sol* portent leur tierce majeure juste dans la quatrieme octave & dans les suivantes : les notes *mi*, *za* portent leur tierce majeure dans la cinquieme octave : les notes *re*, *fa*, *la*, *si* de la quatrieme octave portent leur tierce majeure dans la sixieme, ainsi de suite. Toutes les notes de la gamme ou de la quatrieme octave, élevées à la sixieme octave, portent donc alors leur quinte & leur tierce majeure juste, dans la suite de l'échelle, &c.

45. Notre échelle peut être considérée comme composée d'une infinité d'autres échelles, qui toutes sont semblables à l'échelle totale. Prenez dans cette échelle telle note qu'il vous plaira; divisez sa valeur successivement par tous les termes de la progression naturelle des nombres — 1, 2, 3, 4, 5, 6, 7, &c. vous aurez une nouvelle progression

sur la Théorie de la Musique. 45

harmonique dont la note que vous aurez choisie sera le premier terme, & qui sera exactement composée des mêmes intervalles que l'échelle totale. Ces deux échelles seront donc semblables.

Par exemple, prenez *sol* pour premier terme de votre nouvelle échelle, & divisez $\frac{1}{3}$ par 2, ensuite par 3, par 4, &c. vous aurez *sol*, $\frac{1}{6}$ $\frac{1}{9}$ $\frac{1}{12}$ $\frac{1}{15}$ $\frac{1}{18}$ $\frac{1}{21}$ $\frac{1}{24}$ $\frac{1}{27}$ $\frac{1}{30}$ $\frac{1}{33}$ *sol, re, sol, si, re, mi* ✕ , *sol, la* ✕ , *si, ut* ✕ , &c. dont les intervalles sont parfaitement semblables aux intervalles de la premiere échelle; car on trouve d'abord une octave, ensuite une quinte, une quarte, une tierce majeure, &c. comme nous avons vu qu'il arrivoit dans l'échelle totale (37). On auroit trouvé la même chose quelque note que l'on eût prise pour premier terme, comme il est facile de s'en convaincre. Donc on peut retrouver dans la suite de l'échelle totale au-dessus de quelque note que ce soit des intervalles parfaitement semblables à ceux que nous avons trouvé au-dessus d'*ut* ; c'est-à-dire, que l'on doit retrouver la quinte juste, la tierce majeure juste, &c. de chacune des notes de l'échelle totale, dans la suite de cette échelle.

46. Quoique toutes ces échelles soient exactement les mêmes, parce que tous leurs intervalles pris de suite sont précisément comme les intervalles de l'échelle totale, c'est-à-dire, $\frac{1}{2}, \frac{2}{3}, \frac{3}{4}, \frac{4}{5}, \frac{5}{6}$, &c. cependant il ne faudroit pas les confondre. Car si l'on avoit un instrument accordé exactement comme les dégrés de l'échelle totale ou de l'échelle d'*ut*, sans aucun tempérament, on ne pourroit pas transposer sur cet instrument un chant, d'*ut* en *sol*, par exemple, sans altérer beaucoup ce chant. En effet, la plûpart des notes ont des valeurs différentes dans différentes échelles. Nous avons déjà vu que la note *la*, qui dans l'échelle d'*ut* est exprimée par $\frac{1}{26}$ doit être exprimée par $\frac{1}{27}$ dans l'échelle de *sol* (43) : de même *ut* dans cette derniere échelle seroit rendu sur le mê-

me inſtrument à l'octave au-deſſus d'*ut* quinte au-deſſous de la tonique *ſol*. Mais nous avons vû que la quarte au-deſſus de la tonique ne doit point être à l'octave de la quinte au-deſſous, parce que cette quarte s'exprimeroit alors par $\frac{3}{4}$ au lieu que nous l'avons exprimé par $\frac{8}{11}$, donc *ut* feroit auſſi altéré, au lieu de rendre *ut* comme l'indique l'échelle de *ſol*, on rendroit *ut* $\frac{1}{32}$, *mi* le feroit de même par conſéquent, &c.

47. Nous aurons occaſion dans le cours de ces Recherches de parler de pluſieurs autres propriétés de cette échelle.

CHAPITRE CINQUIEME.

Preuves que l'Echelle que nous proposons est composée des sons dont la suite est la plus naturelle.

48. LA premiere inspection de notre échelle a dû frapper : l'examen que nous venons d'en faire doit porter à présumer que les sons dont cette échelle est composée forment la suite la plus naturelle. Cette échelle, en effet, a tous les caracteres de ce qui est produit immédiatement par la nature. Elle est aussi simple & aussi réguliere qu'on puisse le desirer : on n'y trouve aucun vuide dans la suite des termes ; il n'y a aucun terme qui en détruise la régularité. D'ailleurs elle ressemble tellement à l'échelle diatonique que l'on a regardé constamment jusqu'à présent comme l'échelle la plus naturelle des sons, qu'il n'y a d'autres différences entre la quatrieme

trieme octave & l'échelle diatonique en ufage, que celles qui font abfolument néceffaires pour rendre cette derniere échelle réguliere. On peut donc abfolument parlant regarder la quatrieme octave de notre échelle comme repréfentant l'échelle diatonique des modernes à laquelle on a fait les moindres changemens poffibles pour la rendre réguliere.

49. Ces changemens ne confiftent que dans l'altération des deux notes *fa* & *la* ; mais ces deux notes font les moins effentielles au ton principal ; ce font celles qui font le moindre effet dans le mode. D'ailleurs cette altération n'eft environ que d'un quart de ton dont l'une eft hauffée & l'autre eft baiffée, ce qui certainement ne doit rien diminuer de la facilité de l'intonation dans des notes fi éloignées de la principale. Pour ce qui eft de l'addition de la note *za*, bien loin que cette note rende la gamme plus difficile à entonner, elle la rend au contraire plus facile. M. Béthizy après avoir dit que les

notes, *ut*, *re*, *mi*, *fa*, *sol*, *la*, *si*, *ut*, qui font ce qu'on appelle l'octave d'*ut*, ne forment point un chant inspiré par la nature, ajoute: „ ce que je dis pourra surprendre bien des per- „ sonnes accoutumées par l'habitude & par „ prévention à regarder l'octave d'*ut* comme „ le chant le plus naturel & le plus simple de „ tous. Mais que ces personnes quittent leur „ préjugé, qu'elles entonnent posément cette „ octave, tout leur paroîtra doux jusqu'au *la* „ inclusivement; mais le *si* leur paroîtra dur. „ Qu'elles recommencent l'octave, & qu'elles „ entonnent *si*♭ à la place de *si* naturel, le *si*♭ „ leur paroîtra doux comme les autres notes. „ Mais le *si*♭ n'est pas du mode d'*ut* ". *Exposition de la Théorie & de la Pratique de la Musique, seconde Edition, page* 87. (*n*) d'où

─────────────────────────

(*n*) *Il n'y a aucun Musicien qui ne convienne qu'on ne peut entonner trois tons de suite sans difficulté. Cette difficulté, qui dans la gamme tombe sur la note* si, *en disparoîtroit si l'on y introduisoit un* si♭. *Voyez M. Balliere*, p. 69 & 70.

il faut conclure que l'introduction d'un *fi*♭ dans la Gamme, en doit rendre l'intonation plus facile. Or, si l'on juge qu'un chant est plus ou moins naturel par le plus ou le moins de facilité que l'on trouve à l'entonner, on doit juger que la quatrieme octave de notre échelle, dans laquelle on trouve un *fi*♭, doit être plus naturelle que la gamme ordinaire, puisque ce *fi*♭ rend cette octave plus facile à éxécuter.

50. Enfin, la nature paroît avoir assez fait connoître ses intentions par les deux premiers intervalles *ut*, *re*; *re*, *mi*; car ces deux intervalles ne sont pas semblables; l'un est un ton majeur, l'autre est un ton mineur. Il paroît donc naturel de croire que le troisieme intervalle doit être plus foible que le second, comme le second est plus foible que le premier, & ainsi de suite; car la nature procéde toujours régulièrement. Il ne faut pas nous objecter que c'est par un

effet du hazard que ces deux intervalles ne sont pas semblables ; car si ces deux intervalles étoient par exemple deux tons majeurs, la tierce qu'ils formeroient seroit aussi dure, aussi révoltante pour l'oreille, que celle qu'ils forment, étant l'un un ton majeur & l'autre un ton mineur, est douce & harmonieuse ; c'est ce dont tous les Musiciens conviennent. (*o*) L'intention de la nature paroît donc bien marquée dans ces deux premiers intervalles ; & puisque ces deux premiers intervalles décroissent, nous devons donc penser que l'intention de la nature est que les autres intervalles décroissent dans le même ordre. Ajoûtons qu'il paroît que la voix auroit beaucoup plus de facilité à rendre cette octave si tous les intervalles décroissoient ainsi régulièrement, que s'ils étoient tantôt forts, tantôt foibles ; car la voix une fois parvenue à son point ne peut monter davantage sans un peu

(*o*) *Voilà pourquoi Pythagore qui n'admettoit que des tons majeurs, rejettoit les tierces au rang des dissonnances.*

de peine; ce fera donc la foulager que de diminuer les intervalles ou la hauteur des dégrés à mesure qu'elle s'élévera.

51. Mais quelque dégré de certitude que paroiffent donner à notre affertion tous ces raifonnemens, il faut cependant convenir que ce ne font que des raifonnemens, & qu'il faudroit en faire bien peu de cas, fi d'ailleurs l'expérience lui étoit contraire. Examinons donc les principales expériences que l'on a pu faire fur les fons; fi elles s'accordent avec ces raifonnemens, fi elles tendent à prouver la même chofe, nous pourrons regarder cette nouvelle preuve de notre affertion, comme d'un très-grand poids; finon il faudra croire que nous avons mal raifonné. (*p*)

(*p*) *Pour démontrer un fyftéme en Phyfique, il eft néceffaire, 1°. de ramaffer tous les faits qui peuvent avoir rapport au fyftéme que l'on veut démontrer ; 2°. il faut que ce fyftéme puiffe fe déduire de tous ces faits, ou du moins qu'il n'y en ait aucun qui puiffe le détruire ; 3°. il faut que les conféquences que*

52. M. Rameau a fondé sa Théorie de la Musique sur cette expérience : *une corde sonore pincée fait entendre, outre le son principal & la répétition de ses octaves, plusieurs autres sons.* Je m'arrête-là ; & avant que l'oreille m'ait appris quels sont ces autres sons, je dis, si les sons de notre échelle forment la suite la plus naturelle, une corde sonore qui feroit entendre plusieurs sons à la fois, devroit faire entendre ceux qui dans notre échelle sont les plus voisins, & les plus analogues au son principal. Supposons que ce son principal soit *ut*, les sons qui en sont les plus voisins dans notre échelle sont, $\overset{\frac{1}{3}}{sol}$, $\overset{\frac{1}{5}}{mi}$, $\overset{\frac{1}{7}}{za}$, $\overset{\frac{1}{9}}{re}$, &c.

l'on en tire pour étayer le système qu'on veut établir ne soient pas contraires à aucun principe physique, démontré d'ailleurs par mille autres expériences, tel que celui que nous venons de citer (50) la nature procède toujours régulièrement. Alors si l'on s'est appuyé sur un assez grand nombre de faits ; si l'on ne s'est pas trompé dans les conséquences qu'on en a déduites, ce système doit paroître autant démontré, qu'un système physique est susceptible de l'être.

sur la Théorie de la Musique. 55

Une corde sonore devroit donc faire entendre ces sons de suite, & elle devroit faire entendre *sol* plus distinctement que *mi* ; *mi* plus distinctement que *za*, &c. Car puisqu'une corde sonore laisse entendre plusieurs sons outre le principal & la répétition de ses octaves, il me paroît que ces sons doivent être ceux qui, dans une corde divisée de la maniere la plus naturelle, sont les premiers après le son principal ou ses octaves. Or, ces sons ne sont autres que *sol* $\frac{1}{3}$, *mi* $\frac{1}{5}$, *za* $\frac{1}{7}$, *re* $\frac{1}{9}$, &c. Donc, &c. J'écoute ensuite, ou je consulte ceux qui sont capables d'entendre, & qui ont réellement entendu, & j'apprends que les sons que rend une corde sonore, outre le principal & ses octaves, sont effectivement *sol* $\frac{1}{3}$ ou la douzieme du son principal, ensuite *mi* $\frac{1}{5}$ ou la dix-septiéme majeure, mais plus foiblement, ensuite *za* $\frac{1}{7}$, mais si foiblement *qu'il a fallu faire résonner la septieme partie de la corde pour s'assû-*

rer par le son de cette partie que ce qu'on avoit entendu en étoit effectivement l'unisson (génération harmonique , page 10.) *(q)* Enfin le Pere Mersenne prétend avoir entendu même le son $\overset{\frac{1}{9}}{re}$. (*Harmonicorum libro* 1°. *de instrum. harm. propos.* 33ª.) L'expérience confirme donc nos raisonnemens, la suite des sons dont notre échelle est composée est donc la suite la plus naturelle.

53. Notre conclusion pourroit paroître précipitée ; on pourroit dire : de ce qu'une corde laisse entendre les premiers intervalles qui composent votre échelle, il ne s'ensuit pas delà qu'elle laisseroit de même entendre toute la suite des intervalles de cette même échelle, si l'oreille étoit assez fine pour pouvoir les apprécier. Il y a dans cette échelle des sons $\overset{\frac{1}{11}}{fa}$ & $\overset{\frac{1}{13}}{la}$ qui n'ont jamais été admis dans aucun système : or, il n'est pas vraisemblable que ces

_____

(*q*) Voyez M. Balliere, page 6.

ces sons soient indiqués par la nature, puisque tous les Musiciens se sont jusqu'à présent accordés à les regarder comme faux, ou plutôt puisqu'ils ne les ont pas même soupçonnés. Il n'est donc pas vraisemblable que ces sons résonnent avec le principal, &c.

Nous répondrons d'abord à cette objection, que s'il n'est pas vraisemblable que tous les Musiciens se soient trompés en ne soupçonnant pas, ou en regardant comme fausses les notes $\overline{\frac{1}{11}}\,fa$ & $\overline{\frac{1}{13}}\,la$ dans le mode d'ut, il est encore moins vraisemblable qu'une progression indiquée par la nature, & dont nous venons de voir que les dix premiers termes procèdent très-régulièrement ; il est, dis-je, moins vraisemblable que cette progression s'altère au onzieme & au treiziéme terme. Mais sans nous arrêter beaucoup sur la régularité que doit avoir cette progression dans toute sa suite, nous allons répondre par une autre expérience qui nous paroît prouver d'une maniere même assez précife que fi l'oreille étoit affez fine pour apprécier tous les fons qui réfonnent avec le fon principal, on trouveroit que ces fons forment exactement la fuite de notre échelle.

54. Cette expérience qu'on peut regarder comme le fupplément de celle que nous venons de raporter, eft attribuée à M. Tartini. Elle fe trouve détaillée dans l'Encyclopédie, la Théorie de la Mufique de M. Balliere, &c. Elle confifte en ce que deux fons produits en même-tems par deux inftrumens capables de tenue en produifent un troifieme très-fenfible, plus grave qu'aucun d'eux. Si donc avec deux de ces inftrumens on fait réfonner en même-tems deux fons qui foient à l'uniffon de ceux qu'on trouve de fuite dans notre échelle, ces deux fons, à quelqu'étage qu'on les prenne, produiront tous $\frac{1}{1}$ ut, fon de la corde totale. Ainfi $\overset{\frac{1}{2}}{ut}$ $\overset{\frac{1}{3}}{fol}$, $\overset{\frac{1}{3}}{fol}$ $\overset{\frac{1}{4}}{ut}$, $\overset{\frac{1}{4}}{ut}$ $\overset{\frac{1}{5}}{mi}$, $\overset{\frac{1}{5}}{mi}$ $\overset{\frac{1}{6}}{fol}$......$\overset{\frac{1}{10}}{mi}$, $\overset{\frac{1}{11}}{fa}$, &c. produiront

tous ut; mais si l'un de ces sons n'étoit point éxactement à l'unisson d'un de ceux de notre échelle; si par éxemple au lieu de $mi^{\frac{1}{10}}, fa^{\frac{1}{11}}$ on faisoit sonner le fa des modernes ou $mi^{\frac{1}{10}}, fa^{\frac{1}{10}\frac{2}{3}}$, alors le son produit ne seroit plus ut; mais $fa^{\frac{3}{8}}$, & ce $fa^{\frac{3}{8}}$, seroit censé l'origine d'une autre échelle dans laquelle on trouveroit également $mi^{\frac{1}{10}}, fa^{\frac{1}{10}\frac{2}{3}}$. En général on est convaincu que le son grave, produit par deux autres sons quelconques, est toujours le premier terme d'une progression harmonique dans laquelle se trouvent les expressions de ces deux sons: d'où nous pouvons conclure que tous les sons qui produisent ut, résonnent avec ut, quand cet ut paroît résonner seul; car puisque tous les sons qui sont entendus avec le son principal le produisent quand on les fait sonner deux à deux, il doit paroître au moins vraisemblable que tous les sons qui reproduisent le son principal, devroient être entendus avec lui quand on fait sonner sa corde, si l'oreille étoit assez fine pour pouvoir les apprécier. En effet, tous les sons que produit *ut*, quand il résonne seul, sont dans notre échelle; il n'y a que les sons qui sont dans notre échelle qui reproduisent *ut*; donc si le son principal en résonnant laissoit entendre un plus grand nombre de sons que ceux que l'oreille peut apprécier, ces sons seroient ceux qui le reproduisent, ou seroient ceux de notre échelle.

55. L'expérience de M. Tartini peut donc servir de supplément à l'expérience de la résonnance multiple des corps sonores, sur laquelle M. Rameau a établi son système, puisque cette expérience supplée à la foiblesse de notre oreille, en nous indiquant par les sons qui produisent le son principal, quelle est la suite des sons que le son principal produit : or, cette suite est celle de notre échelle, donc

nous avons eu raison de dire que cette suite de sons est la plus naturelle.

56. L'expérience des sons harmoniques paroît encore confirmer la conclusion que nous avons tiré des deux précédentes ; puisque dans cette expérience, de quelque maniere qu'on divise une corde sonore, pourvu que cette division ne soit marquée que par un obstacle leger comme seroit la pointe d'un curedent, les deux parties de cette corde, quoique d'inégale longueur, rendront cependant le même son, & ce son sera toujours un de ceux de notre échelle.

57. Si la plus petite partie d'une corde, divisée par un obstacle fort, rendoit un des sons de notre échelle ; en posant un obstacle leger à la place de l'obstacle fort, la plus petite partie continueroit à rendre le même son. Mais ce qu'il y auroit de surprenant, c'est que la plus grande partie étant aussi pincée, rendroit aussi, & très-éxactement, le même son.

58. Mais si la plus petite partie de la corde ne rendoit pas sous l'obstacle fort un des sons de notre échelle, alors le son que laisseroit entendre également dans les deux parties de la corde un obstacle leger, seroit le même que celui que rendroit une corde plus petite qu'aucune de ces deux parties, laquelle corde pourroit être leur plus grand commun diviseur.

59. Avec un peu d'attention il sera facile de se représenter cette expérience. La ligne ou corde o $\frac{16}{16}$ (fig. III.) est divisée en 16 parties égales. Les perpendiculaires abaissées de la ligne supérieure raportent à cette corde les sons de notre échelle. Si vous placez votre obstacle leger sur un des points de la division qui concourt avec la division de l'échelle supérieure, alors les deux parties de la corde rendront le même son, & ce son sera celui de la plus petite partie. (57) Par exemple, si vous placez votre obstacle leger sur $\frac{1}{16}$ de la corde, les

deux parties de cette corde $\frac{1}{16}$ & $\frac{15}{16}$ rendront éxactement le même son, & ce son sera celui que rendroit $\frac{1}{16}$ seul, si la corde étoit divisée plus fortement, ce seroit $\overset{\frac{1}{16}}{ut}$: vous éprouverez le même effet si vous appliquez alternativement votre obstacle leger sur les points $\frac{2}{16}$, $\frac{4}{16}$ & $\frac{8}{16}$: les deux parties de la corde donneront également le son de la plus petite partie $\overset{\frac{1}{8}}{ut}$, $\overset{\frac{1}{4}}{ut}$, $\overset{\frac{1}{2}}{ut}$. (57) Mais si vous appliquez votre obstacle leger sur d'autres points de division ; par éxemple sur $\frac{3}{16}$, $\frac{5}{16}$, $\frac{7}{16}$, &c : alors les deux parties de la corde ainsi divisées ne laisseront entendre l'une & l'autre que le son de la seizieme partie $\overset{\frac{1}{16}}{ut}$, parce que $\frac{1}{16}$ est le plus grand commun diviseur de toutes ces quantités $\frac{3}{16}$ & $\frac{13}{16}$, $\frac{5}{16}$ & $\frac{11}{16}$, $\frac{7}{16}$ & $\frac{9}{16}$. Par la même raison un obstacle leger posé sur $\frac{6}{16}$ ne produira dans les deux parties de la corde que le son $\overset{\frac{1}{8} \text{ ou } \frac{2}{16}}{ut}$, parce que $\frac{2}{16}$ est le plus grand commun diviseur de ces deux quantités $\frac{6}{16}$ & $\frac{10}{16}$. (58).

60. On trouvera les mêmes effets dans la ligne o $\frac{1}{9}$, divisez en neuf parties égales. Si votre obstacle léger se trouve placé sur les points $\frac{3}{9}$ ou $\frac{6}{9}$ de cette ligne, (fig. IV.) on entendra également résonner $\overset{\frac{1}{3}}{sol}$ dans les deux parties de la corde : si cet obstacle leger est placé sur les points $\frac{1}{9}$ ou $\frac{8}{9}$, on entendra résonner $\overset{\frac{1}{9}}{re}$, &c.

61. En général, sur quelque partie d'une corde que l'on pose un obstacle leger, même hors des points où la corde est supposée divisée, le son rendu par les deux parties de cette corde, sera toujours un des sons de notre échelle. Supposez que l'obstacle leger soit placé à quatre seiziemes & demi d'une corde divisée en seize parties, il restera onze seiziémes & demi de l'autre côté : (fig. III.) la corde sera alors censée divisée en

trente-

sur la Théorie de la Musique. 65

trente-deux parties, dont il y en aura neuf d'un côté, & vingt-trois de l'autre. On entendra donc alors $\overset{\frac{1}{32}}{ut}$ dans les deux parties de la corde. Si cet obstacle est placé sur sept seiziemes un tiers, il restera de l'autre côté huit seiziemes deux tiers, la corde sera censée divisée en vingt-quatre parties, dont onze seront d'un côté, & treize de l'autre. On entendra donc $\overset{\frac{1}{24}}{sol}$ dans les deux parties de la corde, d'où il faut conclure que la corde divisée en quelque point que ce soit par un obstacle leger, ne pourra rendre d'autres sons que ceux qui sont exprimés, ou qui peuvent se trouver dans la suite de notre échelle, & ne laissera jamais entendre le *fa* & le *la* de l'échelle des modernes. (*r*).

62. On voit par cette expérience que les sons de notre échelle sont tellement propres

---

(*r*) *Il est clair que nous supposons toujours que la corde totale rend le son* ut.

I

à la corde, qu'un obstacle qui suffit pour anéantir le son principal, est cependant insuffisant pour faire rendre à cette même corde un son qui ne soit point un de ceux qui forment notre échelle. Et qu'à moins d'un obstacle qui interdise absolument toute communication entre les deux parties de la corde, elle s'obstine toujours à rendre un des sons que nous voulons prouver former la suite la plus naturelle.

63. Une autre expérience prouve même que quoique l'obstacle soit assez fort pour obliger l'une des parties à rendre un son étranger qui sera déterminé par la longueur de cette partie de la corde, on entendra cependant résonner dans l'autre partie l'unisson de leur plus grande commune mesure, lequel unisson ne peut être qu'un des sons de notre échelle. Placez votre obstacle au point $\frac{6}{16}$ de la corde o $\frac{16}{16}$, de manière qu'en faisant ré-

sonner la corde o $\frac{6}{16}$, vous entendiez $\overset{\frac{3}{8}}{fa}$, de l'échelle des modernes; (il est clair qu'il sera nécessaire que votre obstacle soit plus fort que dans l'expérience précédente) dans le tems que vous entendrez la plus petite partie de la corde rendre $\overset{\frac{3}{8}}{fa}$, vous entendrez résonner dans la plus grande $\overset{\frac{2}{16}}{ut}$, parce que $\frac{2}{16}$ est la plus grande commune mesure de $\frac{6}{16}$ & de $\frac{10}{16}$. *Génération harmonique*, page 7. Donc il est nécessaire que la corde soit absolument forcée pour rendre un son étranger à notre échelle; & si elle y est forcée, pour peu qu'il reste de communication entre les deux parties de la corde, tandis que la premiere rendra un son étranger, on entendra dans la seconde un des sons de notre échelle.

64. Les Muficiens ont coutume de décorer les sons que rend une corde sous un obstacle

leger, du titre de *fons harmoniques*, preuve donc que ces fons leur ont paru les plus beaux, & peut-être ceux dont la fuite eft la plus naturelle.

65. Nous avons vû qu'un corps fonore fait entendre à une oreille fine & attentive, outre le fon principal & la répétition de fes octaves, fa douzieme & fa dix-feptieme majeure: fi l'on accorde trois cordes fonores de maniere que les deux plus aigues foient, l'une à la douzieme, l'autre à la dix-feptieme majeure au-deffus de la plus grave, les deux plus aigues frémiront *dans leur totalité*, & même réfonneront dès qu'on fera réfonner la plus grave feule : elles feront entendre, mais plus foiblement, le même fon qu'elles auroient rendu, fi on les eût raclées. Ce qui prouve, dit M. d'Alembert, *combien la douzieme & la dix-feptieme majeure au-deffus d'un fon principal ont d'analogie avec ce fon.*

66. Mais fi l'on accorde ces trois cordes

sonores de maniere que les deux plus graves soient, l'une à la douzieme, l'autre à la dix-septieme majeure au-dessous de la plus aigue, les deux plus graves frémiront dès qu'on fera résonner la plus aigue; mais elle ne frémiront point *dans leur totalité* : en frémissant elles se diviseront par une espèce d'ondulation, l'une en trois, l'autre en cinq parties égales ; ensorte qu'il y aura pendant le frémissement des points qui resteront en repos. Ces deux cordes ne rendent, dit-on, aucun son; mais, comme presque tout le monde l'a remarqué, il est assez difficile de concevoir une corde sonore, tendue, mise en mouvement, & qui ne rend aucun son. Il est certain seulement que ces cordes ne rendent point la douzieme & la dix-septieme majeure au-dessous du son qui résonne, & l'on ne doit point en être surpris; car le mouvement n'est point communiqué aux cordes entieres. La douzieme qui se divise en trois parties a deux points qui restent immobiles & sans aucun mouvement ; cette corde ne doit donc plus être considérée comme une seule corde, mais comme trois cordes. Le son rendu par chacune de ces parties ne doit donc point être le même que celui qui seroit rendu par la corde totale, mais doit être le son qui seroit rendu par le tiers de cette corde. Or, le tiers d'une corde qui seroit montée à la douzieme au-dessous d'un ton quelconque, rendroit l'unisson même de ce ton ; donc la corde montée à la douzieme au-dessous de la corde qui résonne & mise en mouvement par la résonnance seule de cette corde plus aigue, ne doit rendre que l'unisson de cette autre corde. Mais deux ou plusieurs sons parfaitement à l'unisson doivent se confondre tellement qu'il doit être impossible de les distinguer, sur-tout quand l'un est infiniment plus fort que l'autre. Le son d'une pareille corde doit donc être absolument insensible dans

sur la Théorie de la Musique. 71

ces circonstances, quoiqu'il existe réellement.

67. On peut dire la même chose de la corde montée à la dix-septieme majeure au-dessous de la corde qui résonne ; car la résonnance de cette seconde fait diviser la premiere en cinq parties : or, chacune de ces parties ne peut rendre que l'unisson de cette seconde corde : le son rendu par cette premiere corde doit donc être insensible à l'oreille, ou plutôt il doit être absolument confondu avec celui de la seconde corde plus fort & plus aigu.

68. En appellant le son le plus aigu $\overset{\frac{1}{16}}{ut}$, sa douzieme au-dessous sera $\overset{\frac{3}{16}}{fa}$, sa dix-septieme majeure sera $\overset{\frac{5}{16}}{la\flat}$; mais ce $\overset{\frac{3}{16}}{fa}$ & ce $\overset{\frac{5}{16}}{la\flat}$ ne sont point des sons de notre échelle. $\overset{\frac{3}{16}}{Fa}$ est la double octave au-dessous de $\overset{\frac{3}{4}}{fa}$, [figure III.] $\overset{\frac{5}{16}}{la\flat}$ est un peu plus bas que la triple octave

de *là*. Si ce $\overset{\frac{8}{13}}{fa}$ & ce $\overset{\frac{3}{16}}{la\flat}$ étoient à $\overset{\text{t}}{ut}$ ce que lui font $\overset{\frac{1}{3}}{fol}$ & $\overset{\frac{1}{5}}{mi}$, pourquoi ne réfonneroient-ils point avec $\overset{1}{ut}$ comme font $\overset{\frac{1}{3}}{fol}$ & $\overset{\frac{1}{5}}{mi}$; puifque $\overset{\text{t}}{ut}$ par fa réfonnance a affez d'empire fur ces deux cordes plus graves, pour les mettre en mouvement ? Point du tout. Ces cordes, pour ne point rendre des fons étrangers au mode d'*ut*, fe divifent d'elles-mêmes pour ne rendre que l'uniffon d'*ut*. Phénomène des plus finguliers que j'aye vu dans la nature, mais qui prouve l'efpèce d'horreur (qu'on me paffe ce terme) que la nature femble avoir de produire des fons qui ne font point harmoniques, d'un autre fon qui doit être regardé comme principal.

69. Cette derniere expérience paroît avoir beaucoup de rapport avec la précédente, puifque dans l'une & dans l'autre les cordes fe divifent d'elles-mêmes pour rendre

des sons qui ne sont point ceux que leurs longueurs ou leur tension paroissent annoncer. L'Académie des Sciences s'est assurée que dans l'expérience de l'obstacle leger, les deux parties de la corde se divisent en parties semblables ; de maniere qu'il reste des points fixes qui ne participent point du tout à l'ébranlement qu'éprouve le reste de la corde. Si vous placez, par exemple, votre obstacle leger sur $\frac{1}{9}$ (figure IV.) & si vous pincez la corde o , $\frac{2}{9}$; les points de division marqués $\frac{1}{9}$, $\frac{2}{9}$, $\frac{4}{9}$ &c. resteront fixes & immobiles, tandis que toutes les parties de la corde comprises entre chaque point de division, éprouveront une commotion qui les fera aller avec vîtesse en deçà & en delà de leur repos. Pour vous en convaincre, placez de très-petits morceaux de papier blanc sur les points de division $\frac{1}{9}$, $\frac{2}{9}$, $\frac{4}{9}$, &c. Placez aussi au milieu de chaque point de division de très-petits morceaux de papier

K

d'une autre couleur, ou auxquels vous aurez fait une marque ; pincez la corde en laissant votre obstacle léger appliqué au point $\frac{2}{9}$, vous serez surpris de voir sauter tous les petits papiers colorés, tandis que les blancs n'auront point paru s'ébranler. Cette corde se divise donc d'elle-même, comme si l'on y appliquoit autant d'obstacles qu'il y a de points de division. Toutes ces parties étant égales entre-elles doivent donc rendre l'unisson, & tous ces unissons entendus ensemble ne doivent former pour l'oreille qu'un seul son ; ainsi cette expérience bien examinée n'est point contraire à ce que nous avons dit d'abord que les sons sont entre-eux réciproquement comme les longueurs des cordes. On doit plutôt en conclure qu'une corde, soit qu'elle se divise d'elle-même, soit qu'elle soit divisée artificiellement, n'en rendra pas moins les sons marqués par la longueur des parties dans lesquelles elle sera divisée. Et c'est une nou-

sur la Théorie de la Musique.

velle preuve que dans la derniere expérience que nous avons raportée, (66) une corde montée à la douzieme au-deſſous d'une autre, & miſe en mouvement par le ſon de cette autre, ne peut en rendre que l'uniſſon, puiſque cette corde montée à la douzieme au-deſſous, ſe partagera en trois, &c.

70. Il eſt à préſumer que le ſon d'une corde feroit partager en ſept parties égales une autre corde montée à la vingt-unieme mineure au-deſſous; mais plus le nombre de diviſions ſera grand, moins chaque partie, ou plutôt moins l'ébranlement ſera ſenſible.

71. Si la corde la plus aigue n'étoit point contenue exactement un nombre de fois dans la plus grave, l'une n'auroit ſur l'autre aucun effet ſenſible; mais ſi une corde étoit diviſée par un obſtacle leger en parties incommenſurables entre-elles, on demande ce qui arriveroit? Je crois que cette *incommenſurabilité* ne peut point avoir lieu dans cette expé-

rience. Car les choses ne sont pas toujours dans la physique exactement telles qu'on peut les concevoir dans la géométrie ; il paroît bien certain que dans cette expérience les points de division ne sont pas des points géométriques, que ces points peuvent avoir plus ou moins de largeur ; & que par conséquent deux cordes ou deux parties d'une même corde ne peuvent jamais être considérées dans ces expériences comme incommensurables entre-elles.

72. Enfin, ce qui doit prouver notre assertion encore plus que tout ce que nous venons de dire, ce qui devroit même déterminer la plûpart des Musiciens à abandonner leur échelle diatonique pour prendre celle que nous proposons, c'est ce qu'on appelle la gamme du Cor-de-chasse, & des autres instrumens sur lesquels les doigts n'opèrent point, & qu'il suffit de savoir parfaitement emboucher. Ces instrumens n'étant point forcés par l'art à

sur la Théorie de la Musique.

rendre des sons étrangers au son principal qui est alors le son le plus grave que l'instrument puisse rendre; ces instrumens, dis-je, ne doivent rendre que les sons dont la suite est la plus naturelle. Si les sons qui composent notre échelle sont aussi ceux dont la suite est la plus naturelle, il s'ensuit qu'un Cor-de-chasse, dont le son le plus grave seroit *ut* comme celui de notre échelle, devroit faire entendre de suite tous les intervalles de cette échelle, sans qu'il lui fût possible d'en rendre d'autres : or, c'est ce qui arrive toujours. Qu'un Musicien, en commençant par le ton le plus grave d'un Cor-de-chasse en *ut*, cherche à s'élever sur cet instrument en passant par tous les intervalles les plus petits qu'il pourra rendre, le premier intervalle sera une octave, le second une quinte, ensuite une quarte, une tierce majeure, &c. ou plutôt il rendra exactement tous les sons de notre échelle selon l'ordre qu'on les voit suivre

dans cette échelle. *Tous les sons de ces instruments*, dit M. Rameau, (géné r. harm.
pag. 61.) *depuis le plus grave jusqu'au plus
aigu, marchent dans l'ordre des parties ali-
quotes* $1, \frac{1}{2}, \frac{1}{3}, \frac{1}{4}, \frac{1}{5}, \frac{1}{6}, \frac{1}{7}, \frac{1}{8}, \frac{1}{9}, \frac{1}{10}, \frac{1}{11}, \frac{1}{12}, \frac{1}{13}, \frac{1}{14}, \frac{1}{15}, \frac{1}{16}$, *& plus quand on le peut*.

73. La nature se retrouve donc toujours la même ; tout ce qui ne dépend point de l'art semble donc conspirer à prouver que les sons de notre échelle forment entre-eux la suite la plus naturelle. La résonnance multiple des corps sonores, les sons reproduits par d'autres sons ; l'espéce de violence qu'il faut faire à une corde pour l'obliger à rendre des sons étrangers à celui de la corde totale, l'im-possibilité dans laquelle on est de tirer du Cor-de-chasse ou de tout autre instrument semblable, d'autres sons que ceux de cette échelle ; tout semble, j'oserois presque le dire, démontrer que cette échelle est celle que la nature nous prescrit. Nous osons donc exhor-

sur la Théorie de la Musique. 79

ter les Musiciens à se défaire de ce préjugé que les sons $\frac{1}{7}a$, $\frac{1}{11}fa$, $\frac{1}{13}la$ sont faux dans le mode d'*ut*. De combien de nouvelles expressions la musique ne s'enrichiroit-elle pas, si les Musiciens vouloient se conformer à notre échelle? On admet tous les intervalles de cette échelle jusqu'à $\frac{5}{6}$; ensuite on passe à $\frac{8}{9}$ & à $\frac{9}{10}$. Mais quelle raison peut-on avoir pour ne point admettre également les intervalles intermédiaires $\frac{6}{7}$ & $\frac{7}{8}$? Est-ce l'oreille qui rejette ces intervalles? Ils sont à la vérité moins consonnans que les cinq premiers, mais certainement ils le sont plus que les deux $\frac{8}{9}$ & $\frac{9}{10}$. Après $\frac{9}{10}$ on passe toute de suite à $\frac{15}{16}$, & de $\frac{15}{16}$ à $\frac{24}{25}$, combien d'intervalles intermédiaires n'abandonne-t'on pas, qui dans bien des occasions fourniroient les expressions les plus heureuses? Non-seulement cette surabondance d'expressions procureroit au compositeur plus de facilité, mais l'exécution en deviendroit encore plus brillante ; 1°. parce qu'il ne se trouveroit plus dans le jeu de ces *cordes sourdes* que le Musicien n'est pas maître d'écarter à son gré ; 2°. parce qu'on pourroit employer dans toutes sortes de pièces la trompette, le Cor-de-chasse, &c. instrumens qui font les plus grands effets, mais dont malheureusement on ne peut se servir que très-rarement, parce qu'il faut les employer seuls, ou dans des pièces faites exprès pour eux, sans quoi ils perdent tout leur brillant. Tous les instrumens peuvent se prêter à leur échelle ; seuls ils ne peuvent point se prêter aux sons arbitraires que l'on tire des autres instrumens ; quand il n'y auroit que cette raison-là, elle seroit presque suffisante pour engager tout Musicien qui desire avoir une exécution brillante à ne composer que dans la gamme du Cor-de-chasse, s'il peut obtenir de ceux qui conduisent les autres instrumens de mesurer leurs sons sur ceux de cette gamme. On sait,

» fait, dit M. d'Alembert, pour peu qu'on
» ait entendu de beaux airs italiens pathéti-
» ques, l'effet admirable que cet instrument (le
» Cor-de-chasse) y produit. Avant ce tems
» nous n'aurions point cru qu'il pût être placé
» ailleurs que dans une Fête de Diane. » *De
la liberté de la Musique, tome IV des Mélanges, page 452.*

CHAPITRE SIXIEME.

Suite de notre Échelle prolongée au-delà de l'unité, ou au-dessous du son fondamental.

74. Les sons qui jusqu'à present ont été l'objet de notre attention sont produits par l'unité, ou par la corde totale divisée successivement par tous les termes de la progression naturelle des nombres. Mais cette unité ou cette corde totale peut être multipliée comme elle a pu être divisée; alors elle nous donnera des sons plus graves que celui que nous avons appellé *son fondamental*; & si nous la multiplions par les mêmes termes par lesquels nous l'avons divisée, nous obtiendrons une progression éxactement renversée de celle que nous avons obtenue d'abord, & cette progression sera la progression naturelle des nombres. Ainsi après avoir eu $\frac{1}{4}, \frac{1}{3}, \frac{1}{2}, 1$, en continuant nous aurons

sur la Théorie de la Musique. 83

cette nouvelle progression $1\times 2, 1\times 3, 1\times 4, 1\times 5$, &c. ou $2, 3, 4, 5$, &c. On peut donc continuer notre échelle au-delà du terme qui a servi de dividende à tous les autres, en multipliant ce même terme successivement par tous ses diviseurs, & à la suite de la progression harmonique, on aura une progression arithmétique.

Ces deux progressions ainsi rapprochées pourront être regardées comme une seule suite réguliere, puisque les produits de tous les termes également éloignés du terme moyen, (lequel terme moyen doit toujours être éxactement celui qui a servi de dividende dans la progression harmonique, & de multiplicande dans la progression arithmétique) puisque, dis-je, les produits de tous ces termes seront tous égaux à ce terme moyen. Ainsi dans cette suite $\frac{1}{4}, \frac{1}{3}, \frac{1}{2}$, $1, 2, 3, 4$, &c. il est clair que $4\times\frac{1}{4}=1$, $3\times\frac{1}{3}=1, 2\times\frac{1}{2}=1$. Donc quoique la progression qui étoit harmonique cesse d'être harmonique, & devienne progression arithmétique, cependant on peut concevoir ces deux suites ainsi réunies comme n'en formant qu'une seule. Mais cette suite on ne peut plus l'appeller harmonique, ni même arithmétique, parce que les loix de ces deux progressions n'y peuvent être observées d'un bout à l'autre. Cette suite est telle que les produits de tous les termes également éloignés du terme moyen qui sépare les deux progressions & qui seul appartient à l'une & à l'autre; les produits, dis-je, de tous ces termes sont égaux entre-eux, ou à ce terme moyen.

75. Si l'on ne veut pas regarder ces deux progressions comme une même suite réguliere, on peut continuer de les considérer séparément. Tous les termes de la progression arithmétique étant exactement renversés des termes correspondans dans la progression

harmonique, en donnant à l'échelle formée par la suite des termes de la progression harmonique le nom d'*échelle harmonique*; nous appellerons la seconde échelle *contr'harmonique*, par opposition à la première, & quoique dans un sens un peu différent de celui où les Géometres ont coutume de prendre ce mot. Ainsi nous nous servirons de cette expression *contr'harmonique*, au lieu du mot arithmétique, afin qu'on ne puisse pas confondre les sons que nous donnera cette progression, avec les sons de notre premiere échelle que beaucoup de Musiciens expriment, comme nous l'avons déjà dit, (14) par les termes d'une progression arithmétique, ou du moins par des expressions renversées de celles dont nous nous sommes servis d'abord.

76. Pour trouver quels sont les sons qui répondent à chacun des termes de cette progression contr'harmonique, imaginons que la petite corde o $\frac{1}{16}$ (fig. III.) est la corde

totale; supposons même que cette petite corde a été divisée par la suite naturelle des nombres $\frac{1}{16}$. 1. 2. 3, &c. multiplions-là par cette même suite, nous aurons $\frac{1}{16}$, $\frac{2}{16}$, $\frac{3}{16}$, $\frac{4}{16}$, &c. Tous les dénominateurs de cette nouvelle suite étant nécessairement égaux; on peut n'y faire aucune attention, & ne considérer que les numérateurs simples. Mais pour en faciliter l'intelligence, examinons-là telle qu'elle est avec ses dénominateurs, & comparons les sons que rendra sur une corde chacun de ses termes, avec les sons rendus par notre premiere échelle o 1. Nous trouverons que $\frac{1}{16}$ doit rendre l'unisson de *ut*, que $\overset{\frac{1}{16}}{\frac{2}{16}}$ doit être à l'unisson d'*ut*. $\overset{\frac{1}{8}}{\frac{1}{16}}$ & $\frac{2}{16}$ exprimeront donc deux *ut* à l'octave l'un de l'autre; nous verrons ensuite que le son rendu par $\frac{3}{16}$ doit être un *fa* un peu plus grave que celui de l'échelle supérieure, ce *fa* est précisément celui dont les modernes font usage.

Le *la* $\frac{5}{16}$ ne sera pas non plus celui de l'échelle supérieure, il sera un peu plus bas. Ce *la* $\frac{5}{16}$ est précisément le *la*♭ des modernes. Enfin il sera aisé de s'assurer que de toutes les notes de cette nouvelle échelle il n'y en aura aucune qui soit à l'octave juste des notes qui portent le même nom dans l'échelle harmonique, excepté la note *ut* qui appartient également à l'une & à l'autre.

77. J'ai été obligé de supprimer la note *za* dans cette nouvelle échelle, afin de rapprocher, autant qu'il m'a été possible, les sons qui portent le même nom dans chaque échelle; il eût peut-être été mieux de supprimer la note *si* & de laisser la note *za*, puisque l'expression $\frac{9}{16}$ appartient plutôt au *si*♭ qu'au *si* naturel ; mais comme ce *za* n'est point usité en Musique, il m'a paru plus convenable de le retrancher, que la note *si* à laquelle tout le monde est fait. Pour suppléer à cette note, il

88 *Recherches*

m'a donc fallu donner un nom à l'expreſſion $\frac{15}{16}$, & cette expreſſion je l'ai appellé *not*; par là j'ai fait les moindres changemens que j'ai pû aux expreſſions que chaque note avoit déjà dans l'échelle harmonique.

78. Supprimons les dénominateurs, dont nous ne nous ſommes ſervis que pour établir la comparaiſon entre les deux échelles; les notes de cette nouvelle échelle feront donc :

```
 1 , 2 , 3 , 4 , 5 , 6 , 7 , 8 , 9 , 10 , 11 , 12 ,
 ut  ut  fa  ut  la  fa  re  ut  ſi   la   ſol   fa

13 ,14 ,15 , 16 ,17 ,18 , 19 ,20 ,21 , 22 ,23 ,
 mi re not ut  ♭  ſi  ♭  la  ♭  ſol  ♭

24 ,25 ,26 ,27 ,28 ,29 ,30 ,31 ,32 ,33 ,34 ,
 fa  ♭  mi ♭  re  ♭  not ♭  ut  ♭   ♭

35 ,36 ,37 ,38 ,39 ,40 ,41 ,42 ,43 ,44 ,45 ,
 ♭  ſi  ♭   ♭   ♭  la  ♭   ♭   ♭  ſol  ♭

46 ,47 ,48 ,49 ,50 ,51 ,52 ,53 ,54 ,55 ,56 ,
 ♭   ♭  fa  ♭   ♭   ♭  mi  ♭   ♭   ♭   re

57 ,58 ,59 ,60 ,61 ,62 ,63 ,64.
 ♭   ♭   ♭  not ♭   ♭   ♭  ut, &c.
```

79. Il eſt aiſé de s'aſſurer que cette échelle

eſt

est semblable à l'échelle harmonique, puisque tous les intervalles de ces deux échelles sont exactement les mêmes ; l'une est en montant ce que l'autre est en descendant. Dans l'échelle harmonique les intervalles sont, comme nous l'avons déjà dit, $\frac{1}{2}$; $\frac{2}{3}$; $\frac{3}{4}$; $\frac{4}{5}$; $\frac{5}{6}$; $\frac{6}{7}$; $\frac{7}{8}$, &c. Dans la contr'harmonique ces intervalles sont réciproquement 2, $\frac{3}{2}$, $\frac{4}{3}$; $\frac{5}{4}$; $\frac{6}{5}$; $\frac{7}{6}$; $\frac{8}{7}$, &c. Le ton $\overset{8}{ut}$, $\overset{9}{si}$ est donc égal au ton $\overset{\frac{1}{8}}{ut}$, $\overset{\frac{1}{9}}{re}$; de même $\overset{9}{si}$, $\overset{10}{la}$ doit être égal au ton de l'échelle harmonique $\overset{\frac{1}{9}}{re}$, $\overset{\frac{1}{10}}{mi}$, &c.

80. Enfin, plus on comparera ces deux échelles, plus on s'assurera qu'elles sont réciproquement semblables ; puisque l'une suit exactement en descendant les mêmes loix que l'autre suit en montant. Ainsi les octaves sont en progression double dans cette échelle, comme elles sont en progression sou-double dans l'échelle harmonique : les quintes sont en progression triple, les tierces majeures en progression quintuple, &c.

M

On doit donc rapporter à l'échelle contr'harmonique toutes les propriétés que nous avons trouvées (Chap. 4.) appartenir à l'échelle harmonique, & qu'il nous paroît inutile de répéter.

81. Les notes qui dans l'échelle harmonique font regardées comme principales, doivent être regardées comme notes de paffage dans la contr'harmonique, & réciproquement, on ne doit excepter que la fondamentale.

82. Il ne feroit point difficile de prouver qu'aucune des notes de l'échelle contr'harmonique ne peut avoir fon octave jufte dans l'échelle harmonique, quelque prolongée qu'on fuppofe cette derniere. Qu'on imagine l'échelle harmonique prolongée même à l'infini, on ne trouvera dans la fuite de cette échelle aucun mi✕ qui puiffe repréfenter l'octave jufte de $\overset{3}{fa}$ de l'échelle contr'harmonique : Car ce $\overset{3}{fa}$, à quelqu'étage qu'on le monte, peut toujours être reprefenté par 3 divifé par

l'un des termes de la progreſſion double ∺ 2. 4. 8. 16. 32. 64. 128, &c. Or, dans toute cette progreſſion il eſt impoſſible qu'il y ait aucun terme qui puiſſe être diviſé exactement & ſans reſte par 3, de maniere que la fraction puiſſe ſe réduire à l'unité diviſée par un nombre entier, comme ſont tous les termes de l'échelle harmonique : donc dans toute l'échelle harmonique on ne trouvera aucun terme qui puiſſe être regardé comme l'une des octaves juſtes de $\overset{3}{fa}$. On peut dire la même choſe de $\overset{5}{la}$, de $\overset{7}{re}$, de $\overset{9}{ſi}$, de $\overset{11}{ſol}$, de $\overset{13}{mi}$, de $\overset{15}{not}$, &c.

83. Pluſieurs Muſiciens ont cru que $\overset{3}{fa}$ produiſoit $\overset{1}{ut}$, comme $\overset{1}{ut}$ produit $\overset{\frac{1}{3}}{ſol}$. Il eſt aiſé de s'aſſurer par la ſimple inſpection de l'échelle contr'harmonique que bien loin que $\overset{3}{fa}$ ſoit le générateur d'$\overset{1}{ut}$; $\overset{3}{fa}$ doit être cenſé au contraire avoir $\overset{1}{ut}$ pour générateur. $\overset{1}{Ut}$

doit passer pour produire sa quinte $\overset{3}{fa}$ en descendant, comme il produit sa quinte $\overset{\frac{1}{3}}{sol}$ en montant. Si dans cette échelle $\overset{3}{fa}$ étoit le générateur d'$\overset{1}{ut}$, le *la* de cette échelle devroit en être la douzieme majeure, & il n'en est que la mineure. Les deux échelles, l'harmonique & la contr'harmonique appartiennent donc également à $\overset{1}{ut}$ ou reconnoissent $\overset{1}{ut}$ pour note principale. On sera donc toujours dans le ton d'*ut*, soit qu'on éxécute dans l'échelle harmonique, soit qu'on éxécute dans la contr'harmonique.

84. L'oreille & l'expérience, comme nous l'avons vû dans le dernier chapitre, nous portent de bien des manieres à regarder la suite des sons de l'échelle *harmonique* comme la suite la plus naturelle ; mais il faut convenir que nous ne voyons rien dans la nature qui nous parle en faveur de l'échelle contr'harmonique.

Elle paroît même dans l'expérience des cordes accordées à la douzieme & à la dix-septieme majeure au-deſſous de la plus aigüe (66), elle paroît, dis-je, déſavouer ces ſons.

85. Quoique ces notes ne puiſſent point ſe trouver dans l'échelle harmonique d'*ut*, elles peuvent cependant être cenſées appartenir à une autre échelle harmonique dont elles reproduiroient la fondamentale, ſi on les faiſoit ſonner pluſieurs enſemble. Les notes $\overset{5}{la}$, $\overset{6}{fa}$, par exemple, peuvent être cenſées appartenir à l'échelle harmonique de $\overset{30}{not}$. Les notes $\overset{5}{la}$, $\overset{6}{fa}$, $\overset{7}{re}$, peuvent être cenſées appartenir à l'échelle harmonique de $\overset{210}{mi\flat}$, ces trois notes $\overset{5}{la}$, $\overset{6}{fa}$, $\overset{7}{re}$ entendues enſemble, doivent donc reproduire $\overset{210}{mi\flat}$, comme leur fondamentale, & non pas $\overset{1}{ut}$. Il n'y a donc preſqu'aucune analogie entre les notes & la

fondamentale de l'échelle contr'harmonique. Nous n'avons pas cru pour cela qu'on puiſſe ni qu'on doive ſupprimer cette échelle. Il faut qu'un Muſicien puiſſe porter la terreur dans les eſprits ; il faut qu'il puiſſe exprimer le déſeſpoir, comme il eſt néceſſaire qu'il puiſſe peindre la volupté, & nous enchanter par les ſons les plus agréables. Or, je crois qu'il pourra trouver dans l'échelle contr'harmonique ces crayons noirs, ces tons rudes & affreux qui font que toutes les puiſſances de notre ame ſe reſſerrent & ſe concentrent, pour ainſi dire, en elles-mêmes.

86. Aucun des ſons de l'échelle contr'harmonique, comme nous venons de le voir, (82) ne peut ſe rencontrer, même par ſes octaves, dans l'échelle harmonique, quelque prolongée que cette derniere ſoit ſupoſée ; il faut en conclure qu'aucun des ſons de l'une de ces deux échelles ne peut ſe confondre avec les ſons de l'autre ; & que ſi l'on entendoit en-

semble deux voix parcourir depuis *ut* les mêmes dégrés, l'une dans l'échelle harmonique, l'autre dans l'échelle contr'harmonique, ce qui frapperoit l'oreille feroit une fuite de diffonnances dont aucune ne feroit ni préparée ni fauvée. Cela pofé, quelle indignation ou plutôt quel mépris n'exciteroit point quelqu'un qui oferoit propofer à un Muficien *bon harmonifte*, d'accompagner un chant pris dans l'échelle harmonique, par le même chant pris dans l'échelle contr'harmonique ? Comment, diroit-on, l'oreille pourroit-elle fouffrir cette fuite éternelle de diffonnances ? Ne feroit-ce point anéantir l'harmonie ?..... Sans doute qu'un pareil accompagnement ne feroit point fait fuivant les loix de l'*harmonie*; mais il ne s'agit point ici d'*harmonie* : il s'agit de favoir fi deux chants qui auroient la même tonique, & dont l'un monteroit par des intervalles exactement femblables à ceux par lefquels l'autre defcendroit ; ou réciproquement il s'agit, dis-je, de savoir si ces deux chants entendus à la fois pourroient quelquefois être supportables, ou du moins s'il n'y auroit point des occasions où leur dureté réciproque pourroit faire un bon effet. Voici, je crois, ce qu'on peut dire sur cette question. Ces deux chants auroient des caracteres opposés; l'un pourroit être regardé comme *parodie de l'autre*; la dureté de l'un pourroit quelquefois rendre l'autre plus agréable, la tonique deviendroit plus sensible, &c. Mais je puis assurer qu'il n'y auroit que très-peu d'occasions de faire entendre ces deux chants à la fois. Un Musicien est quelquefois obligé de faire contraster dans une même piece les personnages les plus disparates; quand ces personnages donneroient à leur chant des caracteres opposés, peut-être cela seroit-il supportable: dans toute autre circonstance nous croyons que l'oreille seroit plutôt blessée, que l'imagination ne seroit flattée d'entendre ces deux chants. Chaque échelle

échelle, comme nous aurons occasion de le dire par la suite, porte avec elle son accompagnement; l'intention de la nature paroît donc être que ces deux échelles ne soient point confondues: chacune se suffit à elle-même, & tout Musicien qui veut plaire doit être sûr de manquer son but, s'il en cherche les moyens hors des bornes que lui prescrit la nature.

87. Nous finissons par avertir que les deux échelles, l'harmonique & la contr'harmonique, étant réciproquement semblables, tout ce que nous dirons de l'une, par la suite, sera réciproquement vrai de l'autre.

CHAPITRE SEPTIEME.

Examen du syftême des Modernes fur l'origine de leur Echelle diatonique.

88. Jufqu'à préfent nous croyons n'avoir rien donné à l'imagination : nous avons divifé une corde fonore par la progreffion naturelle des nombres, afin d'obtenir un plus grand nombre de fons différens, & il s'eft trouvé que les fons ainfi obtenus, formoient la fuite la plus naturelle. Les faits fur lefquels nous avons établi cette affertion font connus & avoués de tout le monde ; on peut même dire que tous ces faits paroiffent en être des conféquences. Cette affertion doit donc paroître auffi bien prouvée quelle eft fufceptible de l'être, puifque fur cette matiere, il ne feroit point raifonnable d'exiger une démonftration géométrique. Cependant comme le but de ces recherches eft

moins d'établir un systême de Musique que de découvrir celui qui est dans la nature, nous croyons encore nécessaire d'examiner la Théorie proposée par M. Rameau : Théorie qui a fait tant d'honneur à ce célebre Artiste ; que les Géometres du premier ordre se sont empressés d'exposer ou de perfectionner ; Théorie enfin que les Musiciens paroissent avoir adoptée presque par-tout avec enthousiasme. Plus cette Théorie est en faveur, plus nous croyons nécessaire de discuter les preuves sur lesquelles elle est étayée. Nous ne craignons pas qu'on nous blâme d'être entrés dans cette discussion ; pleins de respect pour la mémoire de M. Rameau, remplis d'admiration pour le célèbre Géométre qui, pour ainsi dire, lui a servi d'interprête, nous ne dirons rien qui puisse démentir ces sentimens : s'ils se sont trompés, ils ont du moins eu la gloire de proposer sur la Musique un systême plus simple, plus raisonnable & même plus lumineux que tous ceux qui avoient été proposés jusqu'a-lors.

89. Qu'on se rappelle les deux expériences dont nous avons parlé, (65 & 66) c'est sur ces deux expériences qu'est fondé tout le systême de M. Rameau. Une corde sonore pincée fait résonner deux autres cordes sonores montées, l'une à la douzieme, l'autre à la dix-septieme majeure au-dessus, & fait frémir deux autres cordes sonores montées, l'une à la douzieme, l'autre à la dix-septieme majeure au-dessous. Appellez *ut* le son rendu par la corde raclée, cet *ut* fera résonner *sol* & *mi* & fera frémir les cordes qui étant pincées rendroient *fa* & *la*♭.

90. Voici comment M. d'Alembert déduit de ces expériences ce qu'il appelle la basse fondamentale d'*ut*, par quintes; basse que M. Rameau donne pour être l'origine de la gamme ou échelle diatonique, *ut*, *re*, *mi*, *fa*, *sol*, *la*, *si*, *ut*. Puisque le son *ut* (dit M. d'Alembert) fait entendre le son *sol*, & fait frémir le

sur la Théorie de la Musique. 101

son *fa* qui font ses deux douziemes, nous pouvons imaginer un chant composé de ce son *ut* & de ses deux douziémes, ou ce qui revient au même de ses deux quintes *fa* & *sol*, l'une au-dessous, l'autre au-dessus, ce qui donne le chant ou la suite de quintes *fa*, *ut*, *sol*.

91. On peut continuer cette suite de quintes soit en montant soit en descendant depuis *ut*, en cette sorte *mi*♭, *si*♭, *fa*, *ut*, *sol*, *re*, *la*, &c. Chaque note de cette progression indique par la résonnance celle qui la suit, & par le frémissement celle qui la précède. Ainsi d'une note de cette progression on ne peut passer qu'à celle qui la suit, ou à celle qui la précède immédiatement. Car si, par exemple, d'*ut* on passoit à *re*, on peut dire que cet note *re* n'est en aucune façon indiquée par *ut*, & par conséquent qu'elle ne paroît avoir aucun rapport avec *ut*. Pour passer d'*ut* à *re* il faut donc commencer par passer d'*ut* à *sol*, & de *sol* on passera à *re* qui résonne dans *sol*.

92. En suivant cette règle on peut former cette basse fondamentale par quintes,

ut , *sol* , *ut* , *fa* , *ut* , *sol* , *re* , *sol* , *ut*.
Chaque note de cette basse considérée comme note fondamentale est censée faire entendre avec elle sa douzieme & sa dix-septieme majeure, (52) ou en rapprochant les octaves sa tierce majeure & sa quinte. Elle est encore censée faire résonner ses octaves, que l'on n'entend point, parce qu'elles se confondent avec le son principal. Ainsi cette basse fondamentale est censée produire l'échelle diatonique *ut* , *re* , *mi* , *fa* , *sol* , *sol* , *la* , *si* , *ut*. La premiere note de la basse fondamentale produit son octave *ut*, la seconde produit sa quinte *re* la troisieme sa tierce majeure *mi*, la quatrieme son octave *fa*, &c.

93. Dans cette échelle diatonique, *sol* est répété deux fois; il y a plus, mettez chaque note de cette échelle sur celle de la basse qui la produit,

ut, *re*, *mi*, *fa*, *sol*, *sol*, *la*, *si*, *ut*,
ut, *sol*, *ut*, *fa*, *ut*, *sol*, *re*, *sol*, *ut*,

vous serez convaincu que la premiere moitié de l'échelle diatonique appartient au mode d'*ut*, & que l'autre moitié appartient au mode de *sol*. Car la basse fondamentale du mode d'*ut* ne doit être composée que de ces trois notes *fa*, *ut*, *sol*, puisque dans cette suite de quintes, *ut* ne fait résonner que *sol*, & ne fait frémir que *fa*. Le *re* qui entre dans la basse précédente prouve donc que le *la* qu'il produit dans l'échelle est du mode de *sol*, & non pas du mode d'*ut*. Cette introduction de deux modes dans une seule gamme a donné lieu à plusieurs objections contre les premiers principes de M. Rameau. » Il seroit malheu-
» reux, *a dit entr'autres M. Serre*, (Obser. sur
» les principes de l'Harm. art. 94.) qu'une gam-
» me qui semble ne devoir être qu'une énu-
» mération diatonique des sons d'un mode,
» eût le double défaut de ne pas contenir

» tous les sons de ce mode , & d'en contenir
» un qui lui soit étranger , puisque l'admission
» de celui-ci (*la* quinte de *re* ,) donne nécessai-
» rement exclusion au *la* , tierce majeure de
» *fa*. « C'est afin d'éluder cette objection ,
seule capable de renverser tout le système de
la basse fondamentale, que M. Rameau a imaginé ce qu'il a appellé le double emploi : ce
double emploi est, pour me servir des termes
de M. d'Alembert , un artifice par lequel on
peut faire que l'échelle *ut* , *re* , *mi* , *fa* , *sol* ,
la , *si* , *ut* soit regardée comme appartenante
au seul mode d'*ut*. Voici en quoi il consiste :

94. Nous avons dit (92) que chacune des
notes de la basse devoit être considérée comme fondamentale ; en conséquence nous avons
fait porter la tierce majeure & la quinte ,
ou, comme on dit l'accord parfait à chacune
de ces notes , ainsi que l'expérience l'indique,
(52) mais puisque dans le mode d'*ut* il doit
y avoir trois notes fondamentales *fa* , *ut* , *sol* ,

il

il paroît nécessaire que la principale *ut* ait quelque chose qui la distingue des deux autres, sans quoi lorsqu'on entendra *sol* avec son accord parfait, on ne saura point si l'on est dans le mode d'*ut*, ou dans le mode de *sol* : il en sera de même lorsqu'on entendra *fa*. Ainsi pour distinguer *ut* de ses deux adjoints *fa* & *sol*, laissons à *ut* son accord parfait, mais altérons cet accord dans les deux autres : joignons, par exemple, *fa*, à l'harmonie de *sol*, nous aurons l'accord *sol*, *si*, *re*, *fa*, qui forme ce qu'on appelle un accord de septiéme, dans lequel *fa* fait dissonance, & l'effet de cette dissonance doit être de faire prévaloir la note *ut* qui ne porte que des consonances sur la note *sol*. Si nous ajoutions de même *sol* à l'harmonie de *fa*, au lieu d'une dissonance que nous voulons introduire dans l'harmonie de *fa*, nous y en introduirions deux, *fa*, *sol* & *sol*, *la*; ainsi au lieu de la note *sol*, ajoutons sa quinte *re* à l'harmonie de *fa*, nous aurons l'accord *fa*, *la*, *ut*, *re*, que l'on appelle accord de grande fixte, & dans lequel *re* fait diſſonnance.

95. Cet accord *fa*, *la*, *ut*, *re*, peut être conſidéré comme un renverſement de celui-ci, *re*, *fa*, *la*, *ut*, lequel accord, *re*, *fa*, *la*, *ut*, eſt un accord de ſeptieme ſemblable à l'accord, *ſol*, *ſi*, *re*, *fa*, excepté que dans l'un la premiere tierce *re*, *fa*, eſt mineure, & que cette premiere tierce, *ſol*, *ſi* eſt majeure dans l'autre. Si la note *fa* avoit un dièſe dans le premier accord, *re*, *fa*, *la*, *ut*, ces deux accords *re*, *fa*x, *la*, *ut* & *ſol*, *ſi*, *re*, *fa*, ſeroient tout à fait ſemblables; mais que ce *fa*, ſoit dièſe ou naturel, cela n'empêchera pas que ces deux accords ne puiſſent être pris l'un pour l'autre dans certaines occaſions. Ce *fa*, ſelon qu'il ſera dièſe ou naturel, ſervira à faire diſtinguer le mode d'*ut* du mode de *ſol*. Cet accord peut donc être employé de deux manieres différentes; il peut être employé, ou comme repréſentant l'accord, *fa*, *la*, *ut*,

re, ou comme pouvant être substitué à l'accord de la quinte de *sol* ; *re* , *fa*✕ , *la* , *ut*. Ainsi cet accord *re* , *fa* , *la* , *ut* , considéré comme représentant l'accord , *fa* , *la* , *ut* , *re* , peut succéder à l'accord *ut* , *mi* , *sol* , *ut* , puisque de *ut* on peut passer en *fa* ; & ce même accord considéré comme représentant l'accord , *re* , *fa*✕ , *la* , *ut* , peut être suivi de l'accord *sol* , *si* , *re* , *fa*, puisque de *re* on peut passer en *sol* ; ainsi au lieu de la basse précédente on peut faire

ut , re , mi , fa , sol , la , si , ut , celle-ci *ut* , *sol* , *ut* , *fa* , *ut* , *re* , *sol* , *ut* , dans laquelle *re* succédera à *ut* , parce qu'il représente *fa* , & dans laquelle ce *re* est suivi de *sol* , parce qu'il est aussi pris pour *re*. Par conséquent ce *re* qui fait dissonnance dans l'accord , *fa* , *la* , *ut* , *re* , est employé doublement dans cette basse , puisqu'outre qu'il est employé comme quinte de *sol* , il est encore employé comme représentant *fa*. Et c'est ce que M. Rameau appelle le double emploi de la diffonnance. Dans cette baffe, dit M. d'Alembert, que nous copions, *ut* eft cenfé porter l'accord parfait *ut*, *mi*, *fol*, *ut*; *fol* l'accord *fol*, *fi*, *re*, *fa*; *fa* l'accord *fa*, *la*, *ut*, *re*, & *re* l'accord *re*, *fa*, *la*, *ut*. Il eft clair par ce que nous venons de dire qu'*ut* peut dans ce cas monter à *re* dans la baffe fondamentale, & *re* defcendre à fol, & que l'impreffion du mode d'*ut* eft confervée par le *fa* naturel qui forme la tierce mineure *re*, *fa* au lieu de la majeure que *re* devoit naturellement porter.

96. Cette baffe fondamentale donnera comme il eft évident, ajoute encore M. d'Alembert, l'échelle diatonique ordinaire *ut*, *re*, *mi*, *fa*, *fol*, *la*, *fi*, *ut*, qui fera par conféquent dans le feul mode d'*ut*; & fi l'on vouloit que la feconde partie de cette échelle fût dans le mode de *fol*, il faudroit fubftituer le *fa*✕ au *fa* naturel dans l'harmonie de *re*.

97. Après avoir expofé le plus clairement

qu'il m'a été possible, les principes d'après lesquels M. Rameau a établi son système de *basse fondamentale*, & ce qu'il appelle le *double emploi*: la première réflexion qui se presente, c'est que ce double emploi ne peut être (pour me servir des termes de M. d'Alembert) qu'une chose tout-à-fait futile ; car il nous paroît clair qu'on ne peut substituer l'accord *re, fa, la, ut,* à l'accord *fa, la, ut, re,* ou regarder l'un comme renversé de l'autre, qu'autant que les notes qui portent le même nom dans ces deux accords, seroient éxactement les mêmes, au moins par leur octave : or, c'est ce qui n'est point. Dans l'accord, *re, fa, la, ut* : *la* doit être considéré comme quinte de *re* ; *la* est donc $\frac{16}{27}$ *la* ou l'une de ses octaves : dans l'accord, *fa, la, ut, re* : *la* doit être considéré comme tierce majeure de *fa*, & par conséquent doit être $\frac{3}{5}$ *la* ou l'une de ses octaves. Or, on voit fig. II. que

$$\frac{16}{27} \quad \frac{3}{5}$$

ces deux notes *la la* ne peuvent jamais passer pour les mêmes. On ne peut donc pas dire que l'accord *re*, *fa*, *la*, *ut* est un renversement de l'accord *fa*, *la*, *ut*, *re*; à plus forte raison il ne doit point être permis de substituer dans une basse fondamentale *re* à *fa*, puisque ces deux notes ne peuvent produire la même note dans le dessus.

98. Ce *double emploi*, qui paroît d'abord imaginé si heureusement, est donc plus capable de jetter dans l'erreur, qu'il n'est capable d'éclairer. Mais quand cette objection, qui nous paroît péremptoire, ne subsisteroit pas; quand même on ne pourroit en faire aucune raisonnable contre l'usage que M. Rameau a fait de ce double emploi, il ne s'ensuivroit pas moins qu'il ne seroit pas possible de montrer, d'après les principes de M. Rameau, que la gamme *ut*, *re*, *mi*, *fa*, *sol*, *la*, *si*, *ut* a son origine dans la nature : car

la basse fondamentale *ut* , *sol* , *ut* , *fa* , *ut* , *re* , *sol* , *ut* ; qui seroit censée l'origine de cette gamme, n'est point elle-même naturelle, puisqu'aucune expérience ne nous donne l'idée ni d'accord de septieme, ni d'accord de grande sixte, ni de renversement d'accords. Le *double emploi* n'est donc effectivement qu'un *artifice*, qu'une *licence*, comme le dit encore M. d'Alembert. Or, s'il n'est pas possible de prouver que cette basse *ut*, *sol*, *ut*, *fa*, *ut* , *re* , *sol*, *ut* est dans la nature, il ne seroit donc pas possible de soutenir que la gamme forme un chant bien naturel parce qu'elle est produite par cette basse; ou que celui qui a imaginé la gamme *ut*, *re*, *mi*, *fa*, *sol*, *la*, *si*, *ut* s'est laissé guider par cette basse, & qu'elle guide encore ceux qui entonnent la gamme juste.

99. Le but de M. Rameau, en imaginant le *double emploi*, étoit de donner une basse fondamentale qui pût faire regarder la gam-

me comme appartenante au seul mode d'*ut*. Mais cette invention remplit-elle ce projet ? Le second tétracorde de cette gamme *sol, la, si, ut* en appartient-il moins au mode de *sol* pour être produit par la basse fondamentale *ut, re, sol, ut* ? C'est sur quoi il est aisé de se décider. Toutes les notes du second tétracorde *sol, la, si, ut* ayant pour basse fondamentale *ut, re, sol, ut* peuvent appartenir au mode de *sol*; la seconde note de ce tétracorde *la* portant *re* pour basse fondamentale, ne peut jamais appartenir au mode d'*ut*. Il est donc clair que ce tétracorde *sol, la, si, ut* portant pour basse *ut, re, sol, ut*, ne peut appartenir qu'au mode de *sol*, & non pas au mode d'*ut*. C'est en vain qu'on dira que l'impression du mode d'*ut* est conservée par la tierce mineure *re, fa*, &c.; car lorsque *re* résonne seul, *fa* ne peut faire aucune impression sur l'oreille, qui ne fait que sentir sans jamais raisonner ni combiner. Cette impression

pression prétendue de la tierce mineure *ré*, *fa* n'est donc qu'une illusion qui se dissipe quand on est sans prévention, & qu'on y prend garde d'assez près.

100. Si le double emploi ne réunit pas dans un seul mode les deux tétracordes de la gamme, la premiere objection que nous avons faite d'après M. Serre contre la basse fondamentale, reste donc dans toute sa force. Il n'est donc pas vraisemblable que la gamme ou échelle *ut, re, mi, fa, sol, sol, la, si, ut*, soit la même chose que la gamme ordinaire, puisque la premiere est en partie dans le mode d'*ut*, & en partie dans celui de *sol*; & que la seconde doit être toute entiere dans le mode d'*ut*. Mais ne s'abuse-t'on point quand on dit que tout chant diatonique doit avoir pour origine une basse fondamentale ? Que cette basse fondamentale doit procéder par quintes, &c. ? Sur quoi établit-on ces assertions ? Sur ce qu'une corde sonore fait ré-

sonner sa douzieme au-dessus, & fait frémir sa douzieme au-dessous ; cela est vrai : mais cette même corde fera aussi résonner sa dix-septieme majeure au-dessus, & frémir sa dix-septieme majeure au-dessous. Pourquoi donc ne prendre dans la basse fondamentale que l'on déduit de cette expérience, que les douziemes seules, & rejetter les dix-septiemes ? Je n'en vois point du tout la raison. Si cette expérience fait connoître l'intention de la nature, & nous indique par la résonnance de *sol* & par le frémissement de *fa*, que l'échelle d'*ut* doit son origine à ces trois notes *fa*, *ut*, *sol*, elle nous indique par les mêmes signes, que cette échelle doit aussi son origine à *mi*, qui résonne comme *sol*, & à *la*♭, qui frémit comme *fa*. En rapprochant les octaves, la basse fondamentale, au lieu d'être composée de trois notes seulement, devroit donc être composée de cinq notes, *fa*, *la*♭, *ut*, *mi*, *sol*, puisque l'expérience donne les mêmes indices pour toutes les cinq. Or dans toute cette suite je ne vois que deux tierces majeures entre deux tierces mineures ; l'expérience ne nous indique donc point une suite de quintes, suite très-peu agréable, & que j'ai toujours été très-surpris qu'on ait regardé comme ayant dû guider l'oreille & le goût de ceux qui ont composé l'échelle diatonique ordinaire, échelle assez simple, & certainement plus facile à rendre qu'aucune des basses fondamentales qu'on puisse mettre dessous, & qui soit composée suivant les principes de M. Rameau.

101. Nous venons de supposer avec M. Rameau, que le frémissement de la corde *fa* lorsqu'*ut* résonne, indique une espèce d'analogie entre les sons *fa* & *ut*, de maniere qu'il paroît, par ce frémissement, que le son *fa* doit être de l'échelle d'*ut*. Mais cette supposition est-elle bien fondée ? Nous en appellons à tous ceux qui sont capables de juger

sans prévention. Nous prions de relire l'exposé que nous avons fait de cette expérience (66, 67, 68) & de réfléchir sur l'analogie que cette expérience nous a paru avoir avec l'expérience de l'obstacle leger, & nous espérons qu'on ne dira plus que le frémissement de la corde *fa*, lorsque la corde *ut* résonne, prouve que *fa* doit entrer dans l'échelle d'*ut*. Posez un obstacle léger sur le quart d'une corde sonore qui rend le son *ut*, la corde sera divisée par cet obstacle en deux parties $\frac{1}{4}$ & $\frac{3}{4}$. La plus grande partie $\frac{3}{4}$ qui devroit rendre le son *fa* (21), rendra cependant le même son que la plus petite partie, c'est-à-dire $\overset{\frac{1}{4}}{ut}$ (59). Cette expérience est absolument semblable à celle du frémissement de la corde montée à la douziéme au-dessous d'une corde qui résonne: car dans l'une & dans l'autre les cordes qui devroient rendre *fa* se divisent d'elles-mêmes pour ne rendre que le son *ut*. Concluera-t'on de l'expérience de l'obstacle léger, que *fa*, qui devroit être rendu par la corde $\frac{3}{4}$ doit être une des principales notes du mode d'*ut*, parce que cette corde $\frac{3}{4}$ se divise d'elle-même en trois parties pour ne pas rendre *fa*, mais pour rendre *ut* ? De même de ce que, dans l'expérience du frémissement, la corde totale qui devroit rendre *fa* se divise d'elle-même en trois parties pour rendre *ut* unisson de la corde dont la résonnance l'a fait frémir, faut-il conclure que parce que ce *fa* ne résonne pas, quand tout porte à croire qu'il devroit résonner, faut-il, dis-je, conclure que ce *fa* est essentiel au mode d'*ut*, & même générateur de plusieurs notes de ce mode ?

102. Il paroît que M. Rameau avoit pressenti cette objection, & qu'il en avoit été effrayé : car d'abord il a prétendu que la corde *fa* frémissoit dans sa *totalité*; qu'elle ne se partageoit point en trois parties, & qu'il ne restoit pas deux points fixes dans cette cor-

de. Mais il s'agissoit d'un fait, & il a été facile de se convaincre que M. Rameau avoit tort : tous ses partisans l'ont donc abandonné dans cette prétention ; mais pourquoi tous ont-ils retenu la conséquence qu'il en avoit d'abord tirée ?

103. Je passe sur plusieurs autres objections que je pourrois faire contre le système de la basse fondamentale ; il n'est point assez agréable d'avoir à lutter contre l'opinion publique pour insister si long-tems. Cependant je ne puis m'empêcher de montrer encore que la basse fondamentale que M. Rameau a donnée pour être l'origine de l'échelle diatonique d'*ut*, ne peut jamais, même d'après ses principes, produire un chant diatonique. Les quatre notes que M. Rameau fait entrer dans sa basse sont ou doivent être $\overset{\frac{3}{2}}{fa}, \overset{1}{ut}, \overset{\frac{1}{3}}{sol}, \overset{\frac{1}{9}}{re}$; chacune de ces notes doit porter avec elle ses harmoniques, c'est-à-

sur la Théorie de la Musique. 119

dire son octave, sa douzieme & sa dix-septieme majeure.

$\overset{\frac{3}{2}}{fa}$ doit donc porter avec lui $\overset{\frac{3}{2}}{fa}, \overset{1}{ut}, \overset{\frac{3}{5}}{la}$

$\overset{1}{ut}$ — — — — — — — $\overset{\frac{1}{2}}{ut}, \overset{\frac{1}{3}}{sol}, \overset{\frac{1}{5}}{mi}$

$\overset{\frac{1}{3}}{sol}$ — — — — — — — $\overset{\frac{1}{6}}{sol}, \overset{\frac{1}{9}}{re}, \overset{\frac{1}{15}}{si}$

$\overset{\frac{1}{9}}{re}$ — — — — — — — $\overset{\frac{1}{18}}{re}, \overset{\frac{1}{27}}{la}, \overset{\frac{2}{45}}{fa}$ ✕

Tout cela posé, il est facile de déterminer la valeur de chacune des notes du dessus, par la valeur de chacune des notes de la basse : on trouvera que le dessus doit être nécessaire-
ment — — $\overset{\frac{1}{2}}{ut}, \overset{\frac{1}{9}}{re}, \overset{\frac{1}{5}}{mi}, \overset{\frac{3}{2}}{fa}, \overset{\frac{1}{3}}{sol}, \overset{\frac{1}{6}}{sol}, \overset{\frac{1}{27}}{la}, \overset{\frac{1}{15}}{si}, \overset{\frac{1}{4}}{ut}.$
puisque la basse est nécessaire-
ment — — $\overset{1}{ut}, \overset{\frac{1}{3}}{sol}, \overset{1}{ut}, \overset{\frac{3}{2}}{fa}, \overset{1}{ut}, \overset{\frac{1}{3}}{sol}, \overset{\frac{1}{9}}{re}, \overset{\frac{1}{3}}{sol}, \overset{1}{ut}.$

Or je demande si l'on peut supposer que cette suite de notes du dessus forme un chant diatonique.

On cherchoit $\begin{Bmatrix} \frac{1}{2} & \frac{4}{9} & \frac{2}{5} & \frac{3}{8} & \frac{1}{3} & \frac{1}{3} & \frac{8}{27} & \frac{4}{15} & \frac{1}{4} \\ ut, re, mi, fa, sol, sol, la, si, ut. \end{Bmatrix}$
la gamme

On a trouvé $\begin{Bmatrix} \frac{1}{2} & \frac{1}{9} & \frac{1}{5} & \frac{3}{2} & \frac{1}{3} & \frac{1}{6} & \frac{1}{27} & \frac{1}{15} & \frac{1}{4} \\ ut, re, mi, fa, sol, sol, la, si, ut. \end{Bmatrix}$
le chant

Il est donc aisé de voir que $\overset{\frac{1}{9}}{re}$ qui suit la première note $\overset{\frac{1}{2}}{ut}$ est plus haut de deux octaves que $\overset{\frac{4}{9}}{re}$, qui devroit suivre cet $\overset{\frac{1}{2}}{ut}$. Que $\overset{\frac{1}{5}}{mi}$ est d'une octave plus bas que $\overset{\frac{1}{10}}{mi}$, qui devroit suivre $\overset{\frac{1}{9}}{re}$, &c. & par conséquent qu'il est impossible qu'un chant formé sur la basse fondamentale de M. Rameau, même en supposant tout ce qu'il suppose, soit jamais diatonique (s).

104. Il faut remarquer que nous avons pris les douziemes & les dix-septiemes majeures de chaque note fondamentale, que l'expérience indique, au lieu des quintes & des tierces majeures que l'expérience n'indique point. Mais quand nous aurions pris ces quintes

___

(s) *M. d'Alembert assure que les deux sol consécutifs qui se trouvent dans cette gamme de M. Rameau sont parfaitement à l'unisson; je ne sai pas comment on pourroit le prouver.*

sur la Théorie de la Musique. 121

tes au lieu des douziemes, &c. il est aisé de s'assurer que nous n'aurions pas trouvé un chant diatonique ; car le dessus auroit été

- - - $\overset{\frac{1}{2}}{ut}, \overset{\frac{4}{9}}{re}, \overset{\frac{4}{5}}{mi}, \overset{\frac{3}{4}}{fa}, \overset{\frac{2}{3}}{sol}, \overset{\frac{1}{3}}{sol}, \overset{\frac{8}{27}}{la}, \overset{\frac{8}{15}}{si}, \overset{\frac{1}{4}}{ut},$

produit par la basse - - - - - - -

- - -$\overset{1}{ut}, \overset{\frac{2}{3}}{sol}, \overset{1}{ut}, \overset{\frac{3}{2}}{fa}, \overset{1}{ut}, \overset{\frac{2}{3}}{sol}, \overset{\frac{4}{9}}{re}, \overset{\frac{2}{3}}{sol}, \overset{1}{ut}.$

Or il est clair que ce dessus ne forme point un chant diatonique ; donc la basse fondamentale de M. Rameau n'est point l'origine de l'échelle diatonique.

105. Mais, dira-t'on, toutes ces différences sont des différences d'octaves justes : or les octaves se confondent ; donc, &c. Toutes ces différences sont des différences d'octave ? Nous en convenons. Mais quand on dit que les octaves se confondent, cela demande explication. De toutes les consonnances l'octave est la premiere ? cela est vrai. De tous les intervalles, l'intervalle d'octave est celui qui nous plaît davantage, & que nous

Q

faisissons avec le plus de facilité ; cela est encore vrai. Mais s'ensuit-il de là que les octaves soient *identiques*, qu'elles se confondent parfaitement, ou qu'il n'y ait point de différence entre deux sons à l'octave ou à l'unisson ? C'est, je crois, ce que personne n'avouera. L'oreille même distingue très-bien les octaves de l'unisson. Quand on entend résonner une grosse corde de violoncelle, l'oreille distingue très-bien que les deux sons foibles qui accompagnent le son principal n'en font ni la quinte, ni la tierce majeure, mais la douzieme & la dix-septieme majeure. Pourquoi donc confondre, en théorie, des sons que l'oreille même ne confond point, & qui ne doivent presque jamais l'être dans la pratique ? D'ailleurs qui est-ce qui s'est jamais imaginé qu'il entonne *re* avec assez de facilité après *ut*, parce que la nature lui suggere un *re* deux octaves au-dessus de celui qu'il veut entonner ? Ou qui pourroit assurer qu'il enton-

neroit un intervalle de neuvieme ou de lei-
zieme avec autant de facilité qu'un intervalle
de seconde. Concluons donc enfin que la
gamme ne tire pas son origine d'une basse
fondamentale faite suivant les principes de
M. Rameau. Mais convenons en même-temps
qu'il y a dans tout ce système de M. Rameau
une finesse, une sagacité, une intelligence
qui doit le rendre très-estimable, & qui doit
faire juger de même ceux qui ont adopté ses
idées. La mémoire de M. Rameau doit être
chere à la postérité, non-seulement parce
qu'il a excellé dans son art, mais encore parce qu'indépendamment de son art, on peut
dire qu'il étoit un grand homme.

CHAPITRE HUITIEME.

De l'Echelle diatonique des Grecs.

106. L'Echelle diatonique des Grecs étoit composée de sept notes; elle commençoit par *si*, & finissoit par *la*; cette échelle étoit donc *si*, *ut*, *re*, *mi*, *fa*, *sol*, *la*.

107. M. Rameau a prétendu que la basse fondamentale *sol*, *ut*, *sol*, *ut*, *fa*, *ut*, *fa* étoit l'origine de cette échelle; nous n'insisterons point pour prouver le contraire. Notre but étant seulement de nous instruire, nous ne rechercherons dans l'échelle diatonique des Grecs que ce qui nous paroîtra le plus intéressant, & convenir d'avantage à l'objet que nous sommes proposé.

108. Je trouve dans l'Histoire des Mathématiques de M. de Montucla, *tom.* 1, *pag.* 128, de quoi me former une idée claire &

précise de l'échelle diatonique Grecque, & de l'origine de cette échelle. „ Dans la naiſ-
„ ſance de la Muſique chez les Grecs, il n'y
„ avoit à la lyre que quatre cordes, dont les
„ ſons auroient répondu à *ſi, ut, re, mi*......
„ Dans la ſuite on y ajouta trois autres cordes
„ qui auroient donné les ſons *fa, ſol, la*. Ainſi
„ la premiere échelle diatonique Grecque étoit
„ compoſée de deux tétracordes, c'eſt-à-dire
„ de deux ſyſtêmes de quatre ſons, dont le
„ premier de l'un & le dernier de l'autre
„ étoient communs ; de-là vient qu'on les
„ nomma tétracordes conjoints. "

109. Ces quatre notes *ſi, ut, re, mi* compoſoient donc toute la muſique de nos premiers chantres, & il me paroît très-vraiſemblable qu'ils n'avoient trouvé ce chant qu'en ſe laiſſant guider par leur oreille ; ou plutôt que la nature elle-même le leur avoit ſuggéré. Or ſi ces quatre notes ſe trouvent de ſuite dans notre échelle, ce ſera une nouvelle preu-

ve que cette échelle est composée des sons dont la suite est la plus naturelle. Les expressions de ces quatre notes sont, suivant M. d'Alembert, (Elém. de Musique, 1ʳᵉ édit. pag. 29) $\overset{\frac{15}{8}}{\text{si}}$, ut, $\overset{\sharp\frac{9}{4}}{\text{re}}$, $\overset{\frac{5}{2}}{\text{mi}}$: réduisons ces expressions aux longueurs des cordes, comme nous avons fait jusqu'à présent, nous trouverons que ces quatre notes sont $\overset{\frac{8}{15}}{\text{si}}$, $\overset{\frac{1}{2}}{\text{ut}}$, $\overset{\frac{4}{9}}{\text{re}}$, $\overset{\frac{2}{5}}{\text{mi}}$. Or ces quatre notes avec leurs expressions se trouvent de suite dans notre échelle (fig. II); donc les sons qui composent cette échelle paroissent former la suite la plus naturelle, puisque ces sons s'accordent parfaitement avec ceux qu'il est vraisemblable que la nature elle-même a dictés (t). On ne pourra donc plus

_____

(t) *Il faut remarquer que la note* si *se trouve dans ce tétracorde plus basse d'une octave qu'elle ne l'est dans l'échelle (fig. I.) où l'on ne trouve que* $\overset{\frac{1}{15}}{\text{si}}$. *Cela ne détruit point, je crois, ce que nous venons de dire; car quoique ce tétracorde commence par la note* si, *tout le monde convient cependant qu'il est dans le mode*

sur la Théorie de la Musique. 127

nous objecter que la suite des sons de notre échelle n'est pas naturelle, parce que l'oreille ne l'a encore suggérée à personne.

110. S'il est vraisemblable que le premier tétracorde des Grecs a dû être inspiré par la nature, on ne peut pas dire la même chose du second, considéré comme suite du premier; car il s'est passé probablement un assez long espace de tems entre l'invention de ce

---

d'ut, & non pas dans le mode de si; par conséquent il est à présumer que les auteurs de ce tétracorde desirant procéder par petits intervalles, & voulant commencer leur chant au-dessous de la tonique, n'ont point dû descendre sur za, mais sur l'octave inférieure de si; 1°. parce que za avec ut, re, mi, auroit formé un chant trop dur, & même plus dur que n'est le triton ordinaire $\frac{1}{7}$, $\frac{1}{8}$ ou $\frac{7}{8}$, 2°. parce que le ton za, ut n'est pas du genre de musique dont leur oreille étoit sans doute affectée; 3°. parce qu'il est peut-être aussi naturel de descendre diatoniquement, que de monter diatoniquement. Ainsi il me paroît qu'un Musicien qui aura l'oreille préoccupée du genre diatonique trouvera plus naturel de descendre d'ut à si, note sensible du ton, que de descendre d'ut à za.

premier tétracorde, & l'idée de le faire suivre par un second. L'oreille & la voix étoient déja faites à ce premier; & outre la facilité qu'on dût avoir d'abord à en rendre les sons de suite, l'habitude devoit encore le faire paroître plus merveilleux. Peut-être a-t'on cru qu'il n'y avoit point d'autres intervalles aussi naturels que ceux de ce premier : peut-être a-t'on dit, la voix est déjà accoutumée à rendre les intervalles de ce tétracorde : il n'y a donc qu'à composer le second d'intervalles semblables, l'habitude que l'on a avec le premier rendra plus facile l'intonation du second. Voilà sans doute ce qui a porté à former l'échelle diatonique de ces deux tétracordes semblables, $\frac{15}{16}$ $\frac{8}{9}$ $\frac{9}{10}$ $\frac{15}{16}$ $\frac{8}{9}$ $\frac{9}{10}$ *si, ut, re, mi—mi, fa, sol, la*, dans lesquels on voit que les intervalles *si, ut* & *mi fa* sont l'un & l'autre $\frac{15}{16}$, *ut, re* & *fa, sol* $\frac{8}{9}$, & enfin *re, mi* & *sol, la* $\frac{9}{10}$.

Ainsi

111. Ainsi l'ordre le plus naturel a été altéré. Les intervalles au lieu de décroître régulièrement depuis *ut*, se sont retrouvés les mêmes dans la suite de l'échelle : de-là est venu qu'on s'est accoutumé à regarder la note *fa* comme $\frac{3}{32}$ ou $\frac{1}{10\frac{2}{3}}$ au lieu de $\overset{\frac{1}{11}}{fa}$ que l'on trouve dans notre échelle ; & la note *la* comme $\frac{3}{40}$ ou $\frac{1}{13\frac{1}{3}}$ au lieu de $\overset{\frac{1}{13}}{la}$. On ne doit donc plus être surpris si le *fa* & le *la* de l'échelle grecque, ou de l'échelle des modernes qui a été copiée sur la grecque, ne sont pas les mêmes que le *fa* & le *la* de notre échelle, puisque l'on doit voir à présent, d'une maniere assez sensible, ce qui peut avoir donné lieu à ces différences.

112. On peut faire contre ce que nous venons de dire une objection que nous ne devons point nous dissimuler. Dans l'ancienne musique Grecque, tous les tons étoient majeurs, & par conséquent devoient être ex-

primés par $\frac{8}{9}$. Ainsi l'intervalle *re*, *mi* devoit être exprimé par les premiers Musiciens, non pas par $\frac{9}{10}$, comme nous l'avons exprimé dans le premier tétracorde, mais par $\frac{8}{9}$, comme l'intervalle *ut*, *re*. Le premier tétracorde des Grecs, celui auquel l'art n'a pu avoir aucune part, n'étoit donc point composé des mêmes sons qu'on trouve dans l'échelle harmonique que nous proposons [*u*].

(*u*) *Didyme d'Alexandrie a le premier distingué les tons majeurs & les mineurs ; & depuis, Ptolémée a donné à cette gamme l'ordre dans lequel on la voit* (110). Hist. des Mathémath. de M. de Montucla, tom. I, pag. 126. » Ce fut Ptolémée (dit cet historien géometre) qui fit cette »innovation importante, (la distinction des tierces en majeures & mi-»neures,) je lui en fais principalement honneur, quoique Didyme »d'Alexandrie l'eût précédé dans la distinction des tons majeurs & mi-»neurs, parce que son arrangement est le plus parfait. Suivant la mé-»thode de Pythagore, qui avoit divisé l'octave ou $\frac{1}{2}$ dans les deux rap-»ports les plus simples qu'il se pouvoit ; savoir, $\frac{2}{3}$ & $\frac{3}{4}$, la quinte & »la quarte ; il divisa de même la quinte ou $\frac{2}{3}$ dans ses rapports les »plus simples, savoir, $\frac{4}{5}$ & $\frac{5}{6}$; & il les prit pour les expressions de la »tierce majeure & de la mineure, qu'il rangea au nombre des con-»sonnances. Il divisa de même la tierce majeure dans ses deux rapports »les plus simples & les plus voisins de l'égalité $\frac{8}{9}$ & $\frac{9}{10}$; ce qui lui

sur la Théorie de la Musique. 131

Voici la réponse que nous nous sommes faite

»donna les deux sortes de ton, le majeur & le mineur.« Cela veut dire que Pythagore avoit cherché une moyenne proportionnelle harmonique entre 1 & $\frac{1}{2}$. Il avoit trouvé que cette moyenne proportionnelle étoit $\frac{2}{3}$; l'octave s'est donc trouvée divisée par cette moyenne proportionnelle en deux parties, savoir, ut$\overset{1}{,}$ sol$\overset{\frac{2}{3}}{,}$ ut$\overset{\frac{1}{2}}{,}$ ce qui lui avoit procuré les deux intervalles $\underset{\frac{2}{3}}{}$ & $\underset{\frac{3}{4}}{}$.

Ptolémée a de même divisé la quinte ut$\overset{1}{,}$ sol$\overset{\frac{2}{3}}{,}$ par une moyenne proportionnelle, & il a trouvé que cette moyenne étoit $\frac{4}{5}$, la quinte s'est donc trouvée divisée en deux parties harmoniquement proportionnelles, savoir, ut$\overset{1}{,}$ mi$\overset{\frac{4}{5}}{,}$ sol$\overset{\frac{2}{3}}{,}$ ce qui lui a procuré l'intervalle $\underset{\frac{4}{5}}{}$ de tierce majeure, de ut à mi, & l'intervalle de tierce mineure $\underset{\frac{5}{6}}{}$ de mi à sol. Il a également cherché une moyenne proportionnelle entre les deux termes ut$\overset{1}{}$ & mi$\overset{\frac{4}{5}}{}$, & il a trouvé $\frac{8}{9}$; la tierce majeure s'est donc trouvée divisée en deux parties, savoir, ut$\overset{\frac{8}{9}}{,}$ re$\overset{\frac{4}{5}}{,}$ mi, ce qui lui a donné l'intervalle de ton majeur $\underset{\frac{8}{9}}{}$ & l'intervalle de ton mineur $\underset{\frac{9}{10}}{}$.

Mais pourquoi Ptolémée s'en est-il tenu là? Que ne divisoit-il la

à cette objection. Il est absolument nécessaire

tierce mineure mi, sol, comme il avoit divisé la majeure? Il auroit trouvé pour terme moyen fa $\frac{8}{11}$. Sa tierce mineure ainsi divisée auroit été mi, fa, sol. $\frac{4}{5}, \frac{8}{11}, \frac{2}{3}$
$\frac{10}{11}, \frac{11}{12}$

N'est-il pas vraisemblable que Ptolémée n'aura pas manqué de faire cette division? Mais que voyant qu'elle amenoit un fa $\frac{8}{11}$ qui excluoit fa $\frac{3}{4}$, quinte juste au-dessous de la tonique, & quarte juste au-dessus; ce fa $\frac{3}{4}$ lui a paru trop précieux pour le sacrifier à une maniere de diviser la gamme qu'il regardoit cependant comme la plus naturelle. Il a donc mieux aimé ne pousser sa division que jusqu'à la tierce majeure, & exclure de la gamme tout autre intervalle que ceux qu'il avoit déja trouvés. S'il avoit continué, & s'il avoit divisé la seconde partie de la gamme sol, ut comme la premiere, il auroit éxactement trouvé toute l'octave ut, re, mi, fa, sol, la, za, si, ut, telle qu'on la voit sur l'échelle harmonique fig. 11. Les Anciens ont donc connu notre échelle harmonique, ou plutôt les moyens dont ils se sont servis pour diviser leur gamme, étoient ceux qu'il falloit prendre pour parvenir à former cette échelle. Pourquoi Ptolémée n'a-t-il point osé davantage?

Ceux qui desireront vérifier ces calculs pourront, pour plus grande facilité, prendre l'inverse de chaque terme, & chercher ensuite le terme moyen arithmétique entre les deux termes donnés; ce qui se fait en ajoutant ces deux termes donnés, dont on divise ensuite la somme par deux: On prend une seconde fois l'inverse de chaque terme, & la progression

sur la Théorie de la Musique. 133

de s'abandonner à des conjectures lorsqu'on traite de l'origine d'un art bien antérieur à nos plus anciens Ecrivains. Ainsi tout ce qu'on doit éxiger de nous, c'est que ces conjectures soient vraisemblables. Or il est vraisemblable que les premiers Musiciens ont dû regarder les tons *ut, re & re, mi* comme égaux, quoique l'un soit majeur & l'autre mineur : car la différence de ces deux tons que les Grecs ont appellé *comma*, est insensible à l'o-

redevient harmonique, d'arithmétique qu'elle étoit. Exemple. Je veux trouver un terme moyen harmonique entre ces deux autres 1 & $\frac{2}{3}$. Je renverse ces termes, & je cherche un moyen arithmétique entre 1 & $\frac{3}{2}$, que j'ajoute pour cet effet [XI] vient $\frac{5}{2}$, que je divise par 2 vient $\frac{5}{4}$. [XIV]. Ma proportion arithmétique continue est donc ÷ $1. \frac{5}{4}. \frac{3}{2}$. En renversant les termes une seconde fois j'ai la progression harmonique. $1. \frac{4}{5}. \frac{2}{3}$. Autre exemple. On demande le terme moyen harmonique entre $\frac{4}{5}$ & $\frac{2}{3}$, je cherche le terme moyen arithmétique entre $\frac{5}{4}$ & $\frac{3}{2}$, dont la somme est $\frac{11}{4}$ [XI], je divise cette somme par 2 vient $\frac{11}{8}$ [XIV]. La progression arithmétique est donc ÷ $\frac{5}{4}. \frac{11}{8}. \frac{3}{2}$, l'harmonique sera donc $\frac{4}{5} \ \frac{8}{11} \ \frac{2}{3}$ & $\frac{8}{11}$ sera le terme moyen harmonique cherché.

reille, quoique réelle [dit M. d'Alembert, *Elém. de Musique, note p.*] Ainsi les premiers Musiciens qui n'avoient que leur oreille pour guide, n'ont point dû sentir cette différence. Ils ont donc dû prendre ce préjugé que tous les tons étoient égaux ; & par conséquent, quand on eut trouvé le moyen d'exprimer numériquement les degrés du son, le préjugé dans lequel on étoit que les tons *ut re, re mi* étoient égaux, a dû porter à leur donner la même expression. Mais quand les Grecs eux-mêmes furent plus avancés dans la théorie de la Musique, ils s'apperçurent qu'il devoit y avoir une différence entre ces deux tons *ut re, re mi*, & ils les distinguerent en exprimant le premier par $\frac{8}{9}$ & le second par $\frac{9}{10}$, ou en appellant l'un ton majeur, & l'autre ton mineur. Ainsi quoiqu'on ait donné d'abord des expressions semblables à ces deux tons *ut re*, & *re mi*, il ne s'ensuit cependant pas que ces deux tons fussent exactement égaux avant qu'on leur eût donné ces expressions ; il s'enfuit seulement que leur différence étoit tellement insensible à l'oreille, que les premiers Théoriciens, ainsi que tous les Praticiens qui les avoient précédés, ont dû y être trompés. Il auroit même été surprenant que le contraire fût arrivé [v]. Nous croyons par conséquent devoir nous en tenir aux conjectures que nous avons formées d'abord sur

---

[v] Quand on dit que dans l'ancienne Musique Grecque tous les tons étoient majeurs, cela ne signifie point que les Grecs n'avoient aucun intervalle entre le semi-ton & le ton majeur ; il y avoit dans cette Musique plusieurs de ces intervalles, & parmi eux il pouvoit y en avoir qui devoient approcher beaucoup de notre ton mineur. (Voyez 190 de quelle maniere ces intervalles étoient formés) J'aurois donc pu me dispenser de répondre sérieusement à cette objection, puisqu'elle n'est pas fondée. Au reste, ne trouve-t-on point encore, même parmi nos Compositeurs, des Musiciens qui ignorent absolument cette distinction des tons en majeurs & mineurs, & qui dédaignent souverainement tout ce qui appartient à la théorie de l'art ? Je conviens que la théorie seule ne fera pas faire de beaux chants, qu'elle ne donnera pas ce génie nécessaire pour faire des chef-d'œuvres dans tous les genres : mais cette théorie combien ne doit-elle pas procurer de facilité dans la pratique?

l'origine de l'échelle diatonique des Grecs.

113. Quoique les Grecs n'ayent admis d'abord que des tons majeurs, & point de tons mineurs, ils étoient cependant obligés d'admettre deux sortes de semi-tons : car en supposant *ut* exprimé par $\frac{1}{2}$, *re* devoit l'être par $\frac{4}{9}$, & *mi* par $\frac{32}{81}$. Mais la quarte *fa* étant nécessairement l'octave de la quinte au-dessous d'*ut* $\frac{1}{2}$, ce *fa* devoit être exprimé aussi nécessairement par $\frac{3}{8}$; le demi ton de *mi* à *fa* devoit donc être l'intervalle de $\frac{32}{81}$ à $\frac{3}{8}$. Ce demi ton ne pouvoit donc être exprimé que par $\frac{243}{256}$: on trouveroit que ce demi ton tient à peu près le milieu entre le demi ton majeur & le demi ton mineur des modernes : il peut être considéré comme le demi ton majeur moins la différence du ton majeur & du ton mineur [x], & il répond à très-peu près

---

[x] Le ton majeur est $\frac{8}{9}$, le ton mineur est $\frac{9}{10}$; la différence

sur la Théorie de la Musique.

près au demi ton $re\sharp\sharp$ $\overline{\frac{1}{19}}$, mi $\overline{\frac{19}{20}}$ $\frac{19}{20}$ de notre échelle ; la gamme Pythagoricienne étoit donc

$$\underset{si}{\frac{128}{243}}\ \underset{ut}{\frac{1}{2}}\ \underset{re}{\frac{4}{9}}\ \underset{mi}{\frac{32}{81}}\ \underset{fa}{\frac{3}{8}}\ \underset{sol}{\frac{1}{3}}\ \underset{la}{\frac{8}{27}}\ \underset{si}{\frac{64}{243}}$$

avec les intervalles $\frac{243}{256}$, $\frac{8}{9}$, $\frac{8}{9}$, $\frac{243}{256}$, $\frac{8}{9}$, $\frac{8}{9}$, $\frac{8}{9}$.

114. Lorsqu'ensuite Pythagore a voulu diviser chaque ton en deux parties, pour composer toute sa gamme de douze semi-tons, il a été nécessairement obligé de reconnoître un autre demi ton un peu différent de celui dont nous venons de parler, & qui doit être

---

de ces deux tons, ou l'intervalle du ton mineur au ton majeur est donc $\frac{80}{81}$ *(34), ajoutez cet intervalle au demi ton* $\frac{243}{256}$ *(35); vous aurez la fraction* $\frac{19440}{20736}$, *dont les deux termes divisés par leur plus grand commun diviseur 1296 deviendront* $\frac{15}{16}$ *expression du demi ton majeur : donc le demi ton* $\frac{243}{256}$ *peut être considéré comme le demi ton majeur, moins la différence ou l'intervalle du ton majeur au ton mineur. Je fais cette note pour avertir encore une fois le lecteur de ne point se méprendre aux termes: ce n'est point par la soustraction, mais par la division que nous apprécions la différence ou l'intervalle de deux tons, &c.*

S

le supplément du premier demi-ton au ton majeur; il devoit donc être exprimé par $\frac{2048}{2187}$ [34]. En effet, multipliez l'intervalle $\frac{243}{256}$ par $\frac{2048}{2187}$, vous trouverez la fraction $\frac{497664}{559872}$ égale à $\frac{8}{9}$: donc (35) le supplément ou l'intervalle du demi ton $\frac{243}{256}$ au ton majeur est le demi ton $\frac{2048}{2187}$: ce demi ton est plus fort que le premier $\frac{243}{256}$, la corde qui rendroit cet intervalle $\frac{2048}{2187}$ est à celle qui rendroit l'intervalle $\frac{243}{256}$, comme $\frac{524288}{559872}$ est à $\frac{531441}{559872}$; le premier est donc plus fort que le second, puisque comme nous l'avons déja dit, plus une corde est courte, & plus les sons qu'elle rend sont aigus: ce demi ton $\frac{2048}{2187}$ est même plus fort que le demi ton majeur des modernes $\frac{15}{16}$; mais il est plus foible que le ton de notre échelle $\frac{14}{15}$: l'échelle des Grecs divisée en douze semitons devoit donc être

$$\frac{128}{243}, \frac{1}{2}, \frac{1024}{2187}, \frac{4}{9}, \frac{8192}{19683}, \frac{32}{81}, \frac{3 \cdot 2048}{8 \cdot 59832 \cdot 3}, \frac{1}{3}, \frac{2048}{6561}, \frac{8}{27}, \frac{16384}{59049}, \frac{64}{243}$$

$$si, \; ut, \; \text{\#}, \; re, \; \text{\#}, \; mi, \; fa, \; \text{\#}, \; sol, \; \text{\#}, \; la, \; \text{\#}, \; --si.$$

$$\frac{243}{256}, \frac{2048}{2187}, \frac{243}{256}, \frac{2048}{2187}, \frac{243}{256}, \frac{243}{256}, \frac{2048}{2187}, \frac{243}{256}, \frac{2048}{2187}, \frac{24}{2187}, \frac{3 \cdot 2048}{2187}, \frac{243}{256}$$

115. Rien n'eft plus naturel que de croire que la gamme chromatique des Grecs étoit ainfi arrangée; cependant fi les Grecs, qui n'admettoient que des tons majeurs, reconnoiffoient deux fortes de femi-tons, on pourroit dire, par les mêmes raifons, que les modernes devroient en reconnoître trois fortes; ordinairement cependant ils ne font mention que de deux.

116. Si la lyre des anciens Grecs eût eu un auffi grand nombre de cordes que notre claveffin, dans lequel on trouve quatre ou cinq octaves de fuite, il auroit fallu, pour monter cet inftrument, accorder d'abord l'une de fes octaves, la plus baffe, par exemple; comme les femi-tons de la gamme que nous venons de donner, puis accorder toutes les autres cordes des gammes fuivantes à l'octave jufte de chacune des notes de cette premiere. Sur un pareil inftrument ainfi accordé, on voit d'abord que les octaves auroient été juf-

tes, puisqu'on les suppose accordées justes ; secondement, il est aisé de s'assurer que toutes les quintes l'auroient été aussi, excepté la seule quinte la𝄪, fa : car pour qu'une quinte soit juste dans cette échelle, elle doit être composée de trois demi tons $\frac{2048}{2187}$ que je puis appeller majeurs, & de quatre demi tons $\frac{243}{256}$, que j'appellerai mineurs. Or il n'est pas nécessaire de faire aucun calcul pour voir que toutes ces quintes sont ainsi composées, excepté la derniere la𝄪, fa, qui n'est composée que de deux demi tons majeurs, & de cinq demi tons mineurs. Cette derniere quinte est donc plus foible que les autres, puisqu'un demi ton mineur y tient la place d'un demi ton majeur : cette quinte la𝄪, fa doit donc être à une quinte juste, comme le demi ton mineur est au demi ton majeur ; or en réduisant les expressions de ces deux demi tons $\frac{243}{256}$, $\frac{2048}{2187}$ au même dénominateur, on aura (VIII) $\frac{531441}{559872}$ & $\frac{524288}{559872}$; d'où l'on

sur la Théorie de la Musique.   141

peut conclure que le demi ton mineur des Grecs étoit à leur demi ton majeur réciproquement, comme 531441 est à 524288 (32); donc la seule quinte fausse qui devoit se trouver dans l'échelle des Grecs étoit à une quinte juste réciproquement, comme 531441 est à 524288, ou directement comme 524288 est à 531441.

117. Pythagore a trouvé le même résultat, mais par un procédé un peu différent. Il a remarqué que les quintes, ou, ce qui est absolument égal dans cette circonstance, que les douziemes formoient une progression géométrique *soû-triple*, & que les octaves en formoient une *soû-double*; il a donc pris le treizieme terme de la progression *soû-triple* $1, \frac{1}{3}, \frac{1}{9}$, &c. qu'il a comparé au vingtiéme de la progression *soû-double* $1, \frac{1}{2}, \frac{1}{4}$, &c. parce que le treizieme terme d'une suite de quintes ou de douziemes doit être égal au vingtieme terme d'une suite d'octaves, si les deux pro-

greſſions commencent par le même ſon ; mais ces termes ne ſont point égaux ; le treizieme terme de la progreſſion ſoû-triple eſt $\frac{1}{531441}$, le vingtieme de la progreſſion ſoû-double $\frac{1}{524288}$; d'où Pythagore a conclu que le treizieme terme de la progreſſion ſoû-triple rendroit un ſon un peu plus aigu que le vingtieme de la progreſſion ſoû-double ; puiſque le ſon rendu par la partie de la corde $\frac{1}{531441}$ ſeroit plus aigu que le ſon rendu par la partie de la corde $\frac{1}{524288}$; d'où l'on peut encore déduire que la vingtieme octave eſt à la treizieme quinte directement, comme 524288 eſt à 531441 (note i), ou comme le demi ton mineur $\frac{243}{256}$ eſt au demi ton majeur $\frac{2048}{2187}$. Donc ſi, dans une échelle quelconque diviſée en douze ſemi-tons, on ſuppoſe toutes les octaves juſtes, il y aura au moins une note dont la quinte ſera altérée, puiſque pour conſerver la juſteſſe des octaves on eſt obligé d'employer le vingtieme terme de la pro-

sur la Théorie de la Musique. 143

greffion soû-double, au lieu du treizieme de la progreffion soû-triple qui donneroit un son plus aigu.

118. On auroit pu répandre cette altération sur toutes les quintes de l'échelle, & alors elle n'auroit été sensible dans aucune en particulier (c'est ce qu'on appelle le tempéramment); mais il n'y auroit plus eu aucun ton majeur juste, tous auroient été altérés comme les quintes ; & je crois que quand bien même l'éxécution de ce projet auroit été aussi facile dans la théorie & dans la pratique, qu'elle est en effet difficile, il eût été bien plus à propos de conserver une quinte très-fausse dans le seul mode de *la*✕, qui devoit être le moins pratiqué, pour jouir dans tous les autres modes du plaisir que devoient procurer des intervalles parfaitement justes.

119. Tout le monde a remarqué que cette échelle diatonique des Grecs n'avoit point l'étendue d'une octave, mais qu'elle s'arrê-

toit au *la*, lorſqu'il ne s'en falloit plus que d'un ton qu'elle atteignît *ſi* à l'octave de la premiere note d'en bas. M. Rameau a prétendu qu'il n'étoit pas poſſible de compléter l'octave de cette échelle, parce que dans la baſſe fondamentale qu'il dit en être l'origine, il faudroit pouvoir paſſer de *fa* à *ſol* pour pouvoir monter dans le deſſus de *la* à *ſi* Or ce paſſage de *fa* à *ſol* dans la baſſe eſt contraire à ſes principes; d'où il conclut qu'il n'eût point été poſſible aux Grecs de terminer leur échelle diatonique à l'octave de la premiere note de cette échelle, comme celle des modernes, qui commence & finit par *ut*.

120. Tout ce que nous obſerverons ſur cett explication de M. Rameau, c'eſt qu'il lui eût été facile d'appliquer ſes principes à la mêm échelle des Grecs, ſi elle eût été terminée pa un *ſi* à l'octave de la premiere note : il auroi alors ſuppoſé deux *ſol* dans cette échelle l'un exprimé, l'autre ſous-entendu, &
auro

auroit fait entrer *re* dans la baſſe fondamentale, ou bien il auroit conſtruit ſa baſſe ſuivant les loix du double emploi. Ainſi il me paroît que ceux qui ont donné l'échelle diatonique des Grecs comme une preuve de la vérité des principes de M. Rameau, concluoient aſſez mal, puiſque quand bien même l'échelle des Grecs eût été terminée par un ſi, il lui auroit été facile de la calquer ſur ſes principes. (y)

(y) *M. d'Alembert (Elem. de Muſ. théor. & prat. art. 56, prem. édit.) dit que l'échelle des Grecs eſt formée du ſeul mode d'ut, ſans doute parce que M. Rameau n'a fait entrer dans la baſſe fondamentale de cette échelle que les trois notes fa, ut, ſol. Mais nous avons vu quel fond il faut faire ſur cette baſſe, & nous croyons d'ailleurs avoir de bonnes raiſons pour ſoutenir que le ſecond tétracorde de cette échelle appartient au mode de fa. En effet ſi, de l'aveu de tout le monde, le premier tétracorde eſt dans le mode d'ut, le ſecond lui étant exactement ſemblable, tout le monde dira que ce tétracorde iſolé ſera dans le mode de fa, puiſqu'il n'y auroit abſolument rien de changé dans l'ordre de ces deux tétracordes, ſi on tranſpoſoit ut en fa*

T

121. Pour nous, nous ne fommes point du tout étonnés de ce que cette échelle ne monte pas jufqu'à l'octave au-deffus de la premiere note. Il nous paroît que lorfqu'on a voulu ajouter au tétracorde *fi*, *ut*, *re*, *mi*, un autre tétracorde femblable, dont le premier fon fût commun avec le dernier de l'autre, ce fecond tétracorde a dû être fimplement *mi*, *fa*, *fol*, *la*; & vraifemblablement les Muficiens avoient ignoré jufqu'alors le rapport prefque identique qui fe trouve entre les octaves. Avant que d'être parvenus à cette connoiffance, ils ne devoient pas même foupçonner cette fingularité qu'on a depuis trouvée dans leur échelle. Mais quand une fois ils y furent parvenus, ils fentirent alors qu'il

---

dans le premier, & *fa* en *ut* dans le fecond. Mais fi ce fecond tétracorde ifolé eft jugé de tout le monde être dans le mode de *fa*, j'ai de la peine à concevoir comment la proximité d'un autre tétracorde avec lequel on le rendroit conjoint, le feroit paffer dans un autre mode.

seroit plus avantageux que l'échelle diatonique remplît toute l'étendue de l'octave; c'est pourquoi Pythagore voulut changer cette échelle en celle-ci, *mi*, *fa*, *sol*, *la*, *si*, *ut*, *re*, *mi*.

122. On peut demander pourquoi Pythagore, au lieu d'ajouter simplement la note *si* aux deux tétracordes alors en usage, a-t-il mieux aimé renverser ces deux tétracordes, en faisant le premier de celui qui étoit le dernier, & en les rendant disjoints de conjoints qu'ils étoient. Avec un peu de réflexion on sentira que Pythagore avoit raison; car la note *si*, dans la quatrieme octave du mode d'*ut*, a tant d'affinité avec la tonique, ou plutôt elle l'annonce d'une maniere si sensible, que les Musiciens, dans ce mode, l'ont appellée *note sensible du ton*, (comme nous avons déja eu occasion de le faire remarquer), & ils sont même tellement persuadés de ce que nous disons, qu'une des regles de la modu-

lation est qu'on ne peut monter diatoniquement à un ton que par la tierce majeure de la quinte de ce ton, c'est-à-dire par la note sensible. Or puisque *si* annonce la tonique *ut* d'une maniere si sensible, que l'oreille est choquée si elle n'en est pas suivie, il s'ensuit que la désinence de l'échelle Grecque eût laissé quelque chose à desirer pour l'oreille, si cette échelle eût été terminée par la note sensible du ton; ce qu'on ne peut pas dire de l'échelle proposée par Pythagore, dont la désinence tomboit sur la tierce majeure.

123. Une preuve de ce que nous venons de dire, c'est que lorsqu'on imagina devoir composer une échelle formée d'un plus grand nombre de notes, pour obtenir des airs d'une plus grande étendue, on répéta les deux premiers tétracordes, de maniere que la lyre fut composée de cette suite diatonique *si, ut, re, mi, fa, sol, la, - - - si, ut, re, mi, fa, sol, la,* dans laquelle on voit que de *la* on

paſſoit à *ſi*, mais c'eſt qu'enſuite de *ſi* on paſſoit à *ut*. Alors il eſt clair que l'oreille ne pouvoit point être affectée déſagréablement. Enfin pour les raiſons que nous venons de déduire, lorſqu'ils voulurent completer la double octave, ils ont mieux aimé y ajouter un *la*
dans le bas, qu'un *ſi* dans le haut; ainſi leurs
deux octaves completes étoient,

la,ſi,ut,re,mi,fa,ſol, la--ſi,ut,re,mi,fa,ſol,la.

CHAPITRE NEUVIEME.
Examen de l'Echelle diatonique des Modernes.

124. Nous venons de voir que la plus ancienne des échelles diatoniques dont nous ayons connoissance, étoit dans son origine *si, ut, re, mi*, ensuite *si, ut, re, mi, fa, sol, la*, depuis *mi, fa, sol, la, si, ut, re, mi*, & enfin *la, si, ut, re, mi, fa, sol, la*. Or il est clair que toutes ces gammes sont les mêmes, puisque dans chacune les intervalles compris entre les notes de même dénomination sont égaux. Toutes ces échelles doivent donc être considérées comme une seule & même échelle dont les degrés sont différemment arrangés. On peut dire exactement la même chose de l'échelle diatonique moderne : la seule différence qu'il y a entr'elle & celles dont nous venons de parler, c'est que dans la moderne, l'intonation & la

définence tombent sur la tonique même. L'échelle Grecque *la*, *si*, *ut*, *re*, *mi*, *fa*, *sol*, *la*, l'échelle moderne *ut*, *re*, *mi*, *fa*, *sol*, *la*, *si*, *ut* sont également composées de trois tons majeurs, de deux mineurs, & de deux semi-tons majeurs. L'échelle des modernes doit donc être regardée comme la même échelle que celle des Grecs, dont on auroit haussé l'intonation d'une tierce mineure. Or nous avons vu que l'échelle des Grecs tiroit sa premiere origine de notre échelle harmonique, on peut donc dire la même chose de l'échelle des modernes.

125. Nous ignorons dans quel siecle, & par qui ce changement d'intonation dans la gamme a été fait, mais il nous paroît que cet arrangement de la gamme des modernes, qui commence & finit par la tonique, est beaucoup plus avantageux que tous ceux que les Grecs avoient proposés; il est même surprenant qu'ils n'y ayent jamais songé. Il est vrai

que la Musique, cet art si digne des hommages de tout homme né sensible, fut bientôt avili même dans la Grece. On le confia à de vils esclaves; & dès-lors l'étude de la Musique plus compliquée d'ailleurs que chez nous, a dû tomber dans le plus grand discrédit. Les Citoyens, les Sçavans dédaignerent de s'appliquer à un art qu'on ne regarda plus que comme propre à former des Histrions. C'étoient des esclaves qui enseignoient, des esclaves qui composoient, des esclaves qui éxécutoient. C'est pour cette raison sans doute que les Romains n'ont eu chez eux aucun chef-d'œuvre de Musique: ces fiers conquérans, si sensibles aux charmes de l'éloquence & de la Poésie ; (eux qui dans ces deux genres se sont rendus aussi célébres que les Athéniens), auroient cru s'avilir en éxerçant par eux-mêmes un art, qu'ils avoient trouvé abandonné dans la Grece aux plus vils esclaves.

126.

126. La théorie de la Musique fut donc bientôt négligée, même chez les Grecs, & tout ce que nous savons de l'histoire de cet art depuis Ptolémée est renfermé dans ce morceau de l'Histoire de France de M. l'Abbé Velly (tom. 2. pag. 324). ″Ce fut vers
″ce même temps (année 1026) qu'un Moine
″d'Arezzo nommé Gui, inventa la Musique
″à plusieurs parties. Jusques-là on n'avoit
″connu que la mélodie, qui consistoit dans
″le chant d'une ou plusieurs voix l'une après
″l'autre : c'est encore la seule qui soit au goût
″des Orientaux, qui ne peuvent souffrir ce
″contraste de sons graves & aigus, de dièzes,
″de fugues, de sincopes, en quoi consiste,
″selon nous, ce qu'il y a de plus merveilleux
″dans la Musique. Gui, né Musicien, décou-
″vrit à force de méditations, qu'en gardant
″certaines proportions on pouvoit faire chan-
″ter ensemble plusieurs voix différentes, &
″en former une harmonie qui charmât l'esprit

V

" & l'oreille (*z*). Ce fut lui qui trouva les

(z) J'avois cru pendant long-temps que ce que nous appellons harmonie en Musique, étoit une invention digne du temps qui l'a produite : j'étois même un peu piqué contre M. Rousseau, que je croyois devoir en cela penser comme moi, & qui cependant par-tout donnoit le contraire à entendre. Il n'approuve point effectivement l'harmonie telle que nous la pratiquons dans nos Piéces Françoises ; mais il faisoit croire qu'il l'admiroit dans les Piéces Italiennes, quoique les loix de l'harmonie ne soient pas fort différentes dans l'une & l'autre Musique. Enfin cet homme célèbre s'est expliqué sur ce sujet dans l'un de ses derniers ouvrages, de maniere à ne laisser aucun doute sur sa façon de penser. Voici ce qu'il dit (Imitation Théatrale, note 1.) » L'expérience nous apprend
» que la belle harmonie ne flatte point une oreille non prévenue, qu'il
» n'y a que la seule habitude qui nous rende agréables les consonnances,
» & nous les fasse distinguer des intervalles les plus discordants.
» Quant à la simplicité des rapports sur lesquels on a voulu fonder
» le plaisir de l'harmonie, j'ai fait voir dans l'Encyclopédie au mot
» consonnance, que ce principe est insoutenable, & je crois facile à
» prouver que toute notre harmonie est une invention barbare & go-
» thique, qui n'est devenue que par trait de temps un art d'imita-
» tion, &c. « Voilà exactement quelles étoient mes idées sur l'harmonie avant que d'avoir cherché à approfondir ce sujet. J'aurois été sans doute très-content de pouvoir les étayer de l'autorité de M. Rousseau ; mais aujourd'hui je pense qu'il y a beaucoup à modérer dans un jugement aussi sévère. Je ne crois plus, par exemple, qu'il n'y ait que l'habitude qui nous rende agréables les consonnances, & nous les fasse distinguer des intervalles les plus discordants. Je suis convaincu qu'il y a une harmonie qui doit flatter une oreille non prévenue. Mais quelles sont les loix de cette belle harmonie ? Je doute que les Italiens puissent se flatter avec raison de les posséder beaucoup mieux que les François.

» lignes, la gamme & les six fameuses syllabes
» ut, re, mi, fa, sol, la, qu'il prit, dit-on,
» des trois premiers vers de l'hymne de Saint
» Jean, *ut queant laxis*. On se servoit au com-
» mencement de *points* & de *lettres* pour mar-
» quer le degré de gravité ou de hauteur qu'on
» devoit donner à chaque ton. C'est en 1330
» qu'un Parisien nommé *de Mœurs* inventa
» les figures ou caractères que l'on a appellés
» des *notes*, parce qu'elles désignent l'abbaiſ-
» ſement ou l'élévation de la voix, ſes mouve-
» mens vîtes ou lents, & toutes les variations
» qui peuvent faire harmonie. Il n'y a pas qua-
» tre-vingt-dix ans que *ſi* fut imaginé par un
» François nommé *le Maire*. [&] Les gens de
» l'art l'ont trouvé *ſi* commode pour entonner

(&) M. *l'Abbé Velly paroît dire ici que la note à laquelle le Maire a donné le nom de ſi, ne ſubſiſtoit point auparavant dans la gamme; il faut être certain du contraire; mais ſur cette note, qui n'avoit aucun nom propre, on répétoit ordinairement* mi, *parce que* mi *étoit pour ainſi dire la ſeule dénomination de toute note ſenſible, ou de tout demi-ton. Le Maire n'a donc fait autre choſe que lui donner un nom propre* ſi.

„ & pour connoître les intervalles, que mal-
„ gré les vaines déclamations des vieux Maî-
„ tres, [aa] il fut adopté généralement en
„ Italie & en France.

„ L'Europe applaudit à l'invention du
„ Moine d'Arezzo : un enfant, par son moyen,
„ apprenoit en peu de mois ce qu'auparavant
„ un homme pouvoit à peine apprendre en
„ plusieurs années. Bientôt toutes les Eglises
„ considérables, sur-tout en France, eurent
„ un chœur de Musique : celui de l'Eglise de
„ Paris étoit très-célèbre dès le treiziéme sie-

―――――――――――――――――――――

[aa] *Si ces vieux Maîtres avoient été imbus du système de M. Rameau, ils auroient déclamé avec bien plus de force contre cette innovation. La note, auroient-ils dit, à laquelle vous voulez donner une place fixe & absolument déterminée dans la gamme, où elle ne paroissoit auparavant que par une espèce de hazard, & afin d'adoucir l'intervalle de la à ut, cette note donc ne pourroit avoir que sol pour basse fondamentale. Mais la note qui précède celle que vous voulez y fixer ne peut avoir que fa dans la même basse. Or dans la basse fondamentale, il n'est pas permis de passer de fa à sol, donc ces deux notes la, si ne peuvent point se succéder diatoniquement dans le dessus. C'est ainsi qu'auroient raisonné ces vieux Maîtres, & ils auroient appellé ce raisonnement une démonstration.*

» cle. Il faut l'avouer cependant, la Musique
» du Religieux Arétin n'avoit ni cette lége-
» reté, ni ces graces qui caractérisent celle de
» notre siécle. Mais toute imparfaite qu'elle
» étoit, elle ne laissa pas de régner six cens
» ans. Ce n'est que sous Louis XIV qu'on a
» commencé à l'égayer & à la rendre plus ex-
» pressive. Elle étoit encore dans un état de
» barbarie, lorsque *Lulli* fut amené en France
» par le Chevalier de Guise en 1647. Le jeune
» Florentin étudia sous nos Maîtres François,
» & devint en peu de temps si habile, qu'il
» tiendroit encore la premiere place entre les
» Musiciens, si notre siecle n'eût produit un
» *Rameau*. C'est à ces deux hommes célebres
» que la Musique Françoise doit ce haut dégré
» d'élégance & de perfection où elle est enfin
» parvenue. «

127. Quoique ce morceau, fait par une main de maître, tienne plus à la partie historique qu'à la théorie de la Musique, nous

avons cru cependant pouvoir nous en enrichir. Ce n'est pas que nous puissions rendre compte des raisonnemens qui ont conduit le Moine Arétin à penser qu'on pouvoit faire chanter ensemble plusieurs voix différentes. Quoique M. l'Abbé Velly assure que c'est *à force de méditation*, nous sommes bien plus portés à croire que le hazard a eu plus de part à cette découverte que le jugement. Quant aux proportions qu'il a prescrites pour les différentes parties d'un même chant, ne les connoissant point, nous ne pouvons en rien dire ; mais nous croyons que pour les établir il a plutôt consulté son oreille que la raison. Je ne prétends point faire injure à notre harmonie ; mais je ne puis m'empêcher de dire ici que cette invention se ressent un peu du goût du treizieme siecle, où le merveilleux passoit pour le majestueux, le bigarré pour le beau, le difficile pour le sublime. Combien n'en coûtoit-il point à l'imagination des architectes de ce temps-là, pour gâter la noble fimplicité des plus beaux édifices, en y prodiguant un tas d'ornements faits d'ailleurs par les mains les plus délicates, mais répandus çà & là de la maniere la plus confufe, & toujours pour le moins déplacés ? N'eſt-ce point à peu près là notre harmonie ? Il faut des ornements dans une belle piece d'architecture, fans doute ; mais ces ornements trop prodigués cachent la nature & ne laiſſent plus appercevoir que l'art, s'ils font prodigués avec ordre ; ou qu'un cahos s'ils font prodigués fans ordre. Combien de chants heureux qui feuls, ou avec un accompagnement très-ſimple, feroient les meilleurs effets, & qui, pour être chargés de parties, ne difent abfolument rien à l'ame des fpectateurs tranquilles.

128. Nous avons déja comparé l'échelle diatonique des modernes avec les fons de notre échelle (21). Nous avons vu (73) qu'on retrouvera un bien plus grand nombre d'ex-

preſſions dans cette échelle que dans celle des modernes ; il nous paroît encore néceſſaire d'éxaminer cette derniere diviſée en douze ſemi-tons, comme on la ſuppoſe ordinairement.

129 Nous avons dit (113) que les modernes ne reconnoiſſent que deux ſortes de ſemi-tons, l'un $\frac{15}{16}$, qu'ils appellent ſemi-ton majeur, & l'autre $\frac{24}{25}$, qu'ils appellent ſemi-ton mineur. Mais il eſt aiſé de voir que puiſqu'il y a deux ſortes de tons dans leur gamme, l'un majeur, l'autre mineur, il eſt, dis-je, aiſé de voir qu'il doit y avoir un troiſieme demi-ton, qui avec le demi-ton majeur, ou le demi-ton mineur, diviſe éxactement le ton majeur, comme le demi-ton majeur & le demi ton mineur diviſent éxactement le ton mineur. Je m'explique : le demi-ton majeur & le demi-ton mineur ajoutés l'un à l'autre, ne font enſemble qu'un ton mineur, & deux demi-tons majeurs réunis feroient enſemble
plus

sur la Théorie de la Musique. 161

plus qu'un ton majeur. (*bb*) Il est donc ab-

(*bb*) *Il est aisé de se convaincre que le demi-ton majeur ajouté au demi-ton mineur, ne peut former qu'un ton mineur. Cherchez l'expression du son qui fait avec* $\frac{8}{9}$ *re l'intervalle d'un demi-ton majeur* $\frac{15}{16}$, *vous trouverez* (35) *que cette expression est* $\frac{120}{144}$ *ou* $\frac{5}{6}$. *Cherchez ensuite l'expression du son qui feroit avec* $\frac{5}{6}$ *un intervalle de demi-ton mineur* $\frac{24}{25}$, *vous trouverez que cette expression sera* $\frac{120}{150}$ *ou* $\frac{4}{5}$. *Or*, $\frac{4}{5}$ *avec* $\frac{8}{9}$ *forme l'intervalle d'un ton mineur exprimé par* $\frac{9}{10}$; *donc le demi-ton majeur & le demi-ton mineur ne peuvent former ensemble qu'un intervalle de ton mineur. Par conséquent si l'on vouloit procéder alternativement par demi-tons majeurs & mineurs depuis* ut, *il est clair que de l'ut au re on n'obtiendroit qu'un ton mineur ; que la tierce* ut mi, *au lieu d'être composée d'un ton majeur & d'un ton mineur, le seroit de deux tons mineurs ; que l'octave, au lieu d'être composée de trois tons majeurs, de deux mineurs, &c. ne le seroit que de cinq tons mineurs, &c. ce qui la rendroit insuportable à l'oreille. Il est donc très-surprenant que nos modernes ne fassent mention nulle part d'un* 3e. *semi-ton ; & cela est d'autant plus surprenant, que la plûpart des anciens Musiciens Géomètres reconnoissoient ce* 3e. *semi-ton* $\frac{128}{135}$ *comme aussi nécessaire que les deux autres. Je trouve même ce* 3e. *semi-ton dans une échelle chromatique, tirée des* Transactions Philo-

X

solument nécessaire de reconnoître un troisieme demi-ton qui soit le supplément du demi-ton majeur, ou du demi-ton mineur au ton majeur, comme le demi-ton mineur est le supplément du demi-ton majeur au ton mineur. Si l'on veut que ce troisieme demi-ton soit le supplément du demi-ton mineur au ton majeur, en prenant l'intervalle de $\frac{24}{25}$ à $\frac{8}{9}$ (34), on le trouvera $\frac{25}{27}$, demi-ton sensiblement plus fort que $\frac{15}{16}$. Si l'on veut au contraire qu'il soit le supplément du demi-ton majeur au ton majeur, ce qui paroît plus naturel, en prenant de même l'intervalle de $\frac{15}{16}$ à $\frac{8}{9}$, on trouvera $\frac{128}{135}$, demi-ton très-approchant du ton de notre échelle harmonique $\frac{18}{19}$, mais un peu plus foible.

---

sophiques, gravée planche L dans le *Dictionnaire de Musique* de M. J.-J. Rousseau; ouvrage dont j'aurois tâché de tirer parti s'il me fût parvenu plûtôt; mais il y avoit près d'un an que mon Manuscrit n'étoit plus entre mes mains, lorsque j'ai reçu ce Livre que j'avois si long-temps & si inutilement désiré.

sur la Théorie de la Musique.

130. Arrêtons-nous à ce dernier semi-ton, afin de ne pas multiplier les gammes sans nécessité, & il nous sera facile de diviser la gamme des modernes en 12 semi-tons, & de maniere que chaque note naturelle conserve sa valeur. Nous aurons

$$1, \frac{128}{135}, \frac{8}{9}, \frac{64}{75}, \frac{4}{5}, \frac{3}{4}, \frac{32}{45}, \frac{2}{3}, \frac{16}{25}, \frac{3}{5}, \frac{128}{225}, \frac{8}{15}, \frac{1}{2},$$

$ut, $ ⨯ $, re, $ ⨯ $, mi, fa, $ ⨯ $, sol, $ ⨯ $, la, $ ⨯ $, si, ut,$

$$\frac{128}{135}, \frac{15}{16}, \frac{24}{25}, \frac{15}{16}, \frac{15}{16}, \frac{128}{135}, \frac{15}{16}, \frac{24}{25}, \frac{15}{16}, \frac{128}{135}, \frac{15}{16}, \frac{15}{16}$$

Ou ce qui est la même chose,

$ut, \flat, re, \flat, mi, fa, \flat, sol, \flat, la, \flat, si, ut,$

$$\frac{15}{16}, \frac{128}{135}, \frac{15}{16}, \frac{24}{25}, \frac{15}{16}, \frac{15}{16}, \frac{128}{135}, \frac{15}{16}, \frac{24}{25}, \frac{15}{16}, \frac{128}{135}, \frac{15}{16}$$

131. Il est donc absolument nécessaire de reconnoître dans la gamme des modernes, divisée en semi-tons, un troisieme semi-ton différent des deux autres. Appellons ce troisieme semi-ton $\frac{128}{135}$ semi-ton moyen, pour le distinguer des deux premiers ; rien ne sera plus facile ensuite que de comparer entr'eux tous les intervalles de cette gamme,

& d'apprécier leur différence, sans avoir même besoin d'aucun calcul. On trouvera, par exemple, que pour qu'une octave soit juste, elle doit être composée de sept demi-tons majeurs, de trois demi-tons moyens, & de deux demi-tons mineurs. Si l'on accordoit une octave de clavessin comme la premiere gamme *ut*, *ut* ✕, &c., ce qui feroit très-facile, puisque chaque note est la tierce majeure ou la quinte juste d'une autre ; & si l'on accordoit ensuite toutes les autres notes du même clavier, de maniere qu'elles fussent à l'octave juste des mêmes notes de cette gamme, on trouveroit sur tout ce clavier trois quintes & cinq tierces majeures fausses ; car pour qu'une quinte soit juste, on voit qu'il est nécessaire qu'elle soit composée de quatre demi-tons majeurs, de deux demi-tons moyens, & d'un demi-ton mineur. Or, les deux quintes *ut* ✕ *sol* ✕ ; *re la*, ne sont composées que de quatre demi-tons majeurs, d'un seul demi-ton moyen, & de deux demi-tons mineurs, c'est-à-dire, que dans ces quintes on a substitué un demi-ton mineur à un demi-ton moyen ; ces deux quintes doivent par conséquent être trop foibles. On trouvera de même que la quinte *la*✕, *fa* est trop forte, parce qu'un demi-ton majeur y tient la place d'un demi-ton moyen.

132. Sans avoir besoin de plus longs calculs, on trouvera dans cette gamme quatre especes de tierces majeures.

1°. Sept tierces majeures justes, composées de deux demi-tons majeurs, d'un demi-ton moyen, & d'un demi-ton mineur.

2°. Une plus forte, *ut*✕, *fa*, dans laquelle un demi-ton majeur tient la place d'un demi-ton moyen.

3°. Une autre *la*, *ut*✕, trop forte encore, parce qu'un demi-ton moyen s'y trouve substitué à un demi-ton mineur.

4°. Enfin trois tierces très-fortes ; *re*✕, *sol* ; *sol*✕, *ut* ; *la*✕, *re*, dans chacune desquelles on trouve un demi-ton majeur à la place d'un demi-ton mineur. Il y auroit donc sur ce clavier, accordé comme la premiere gamme *ut*, *ut*✳, six modes dans lesquels on pourroit exécuter, sans avoir besoin de tempérament ; sçavoir, *fa*, *ut*, *sol*, *mi*, *si*, *fa*✳, il y en auroit deux, *ut*✳, *la*✳, dans lesquels la quinte & la tierce se trouveroient fausses, un autre *re* dans lequel la quinte seule seroit altérée, & trois enfin dans lesquels les tierces majeures seules seroient fausses. (*cc*)

133. J'ai dit (113) que je ne croyois pas le tempérament fort nécessaire dans le système Pythagoricien ; j'oserois peut-être en dire autant de celui qu'admettent les modernes dans leur système, si tous les Musiciens, soit théoriciens, soit praticiens ne convenoient unanimement qu'un tempérament quelconque est

---

(*cc*) *Il faut bien remarquer que nous ne parlons ici que des quintes ou des tierces au-dessus de chaque tonique & non pas des autres.*

folument nécessaire dans notre Musique. Je [s]ens bien sans doute les raisons qu'ils peuvent [a]voir de le desirer ; mais si ce tempérament [q]u'ils desirent est impossible ; si un tempéra[m]ent quelconque, dans lequel on aura autant d'égards aux quintes qu'aux tierces, ne fera qu'ajouter de nouveaux défauts à leur systême, sans en corriger aucun ; il faut convenir, que puisque ce systême ne peut point subsister sans tempérament, il faut, dis-je, convenir qu'il ne devroit point subsister du tout.

134. Nous avons vu (117) que si l'on prenoit 13 quintes de suite, le son le plus aigu de la 13e. feroit plus haut que l'une des octaves du son le plus grave de la premiere ; on propose dans le tempérament d'altérer également toutes ces quintes, de maniere que le son le plus aigu de la 13e. soit l'octave juste du son le plus grave de la premiere. Je veux bien que cela soit possible, mais si l'on réussit, il me paroît bien certain que les tierces ma-

jeures, pour la plûpart, deviendront beaucoup plus dures qu'auparavant : cependant tout le monde convient qu'une altération dans les tierces majeures révolte l'oreille davantage qu'une pareille altération dans les quintes. » Pourquoi (demande M. d'Alembert, Elem. » de Muf. Difc. Prél. 2ᵉ. Edit.) certains ac- » cords fort agréables, tels que la quinte, ne » perdent-ils prefque rien de leur agrément » quand on les altere ?.... tandis que d'au- » tres fort agréables auffi, tels que la tierce, » deviennent durs à l'oreille par une foible al- » tération ; tandis enfin que le plus parfait & » le plus agréable de tous les accords, l'oc- » tave, ne peut fouffrir l'altération la plus le- » gére « ? Dans le tempérament, on doit donc abfolument s'interdire toute liberté de toucher aux octaves. Les intervalles que l'on doit enfuite le plus ménager, font ceux de tierces majeures, & enfin les quintes. Mais en conservant les octaves parfaitement juftes, il

est

est aisé de voir qu'on ne peut point ménager les quintes sans rendre les tierces plus dures, & réciproquement; car si les quintes péchent par excès, les tierces péchent par défaut. Le treizieme terme d'une suite de quintes est plus aigu que l'une des octaves du premier; & le quatrieme terme d'une suite de tierces est plus foible que l'une des octaves du premier. Prenons cette suite de tierces majeures, ou pour la facilité du calcul, de dix-septiemes majeures,

$$\overset{1}{ut},\ \overset{\frac{1}{5}}{mi},\ \overset{\frac{1}{25}}{sol\#},\ \overset{\frac{1}{125}}{ut}.$$

nous verrons que le dernier terme $\overset{\frac{1}{125}}{ut}$ n'est point une octave juste de $\overset{1}{ut}$. Pour que cet $\overset{\frac{1}{125}}{ut}$ fût l'octave juste de $\overset{1}{ut}$, il faudroit qu'il fût exprimé par $\frac{1}{128}$. Cet $\overset{\frac{1}{125}}{ut}$ est donc plus foible qu'une des octaves justes de $\overset{1}{ut}$; si les quintes péchent par excès, les tierces majeures péchent donc par défaut. On ne peut donc point altérer les quintes sans rendre la plûpart des tierces majeures plus dures qu'el-

Y

les n'étoient auparavant. Si, par exemple, vous baissez *mi* & *sol*✕, il est bien certain que la tierce *sol*✕ *ut*, qui étoit déja de beaucoup trop forte, & plus forte même que si elle eût été composée de deux tons majeurs (*dd*), le deviendra bien davantage encore, puisque par là on affoiblira la tierce *ut mi* pour rendre *sol*✕ *ut* plus forte.

135. D'un autre côté, si vous n'avez égard qu'aux tierces & point aux quintes dans votre tempérament ; si vous fortifiez les tierces de maniere que toutes soient semblables, 1°. dans quelque mode que vous exécutiez, la tierce majeure sera sensiblement trop forte, il n'y en aura aucun dans lequel vous puissiez jouir du plaisir d'entendre cet intervalle parfaitement juste. 2°. Au lieu de n'a-

---

(*dd*) M. de Montucla *assure* (*Hist. des Math.* tom. 1, page 526) *que d'habiles Musiciens lui ont dit qu'il s'en falloit bien que les tierces fussent de deux tons majeurs, dans quelque tempérament que ce fût. C'est vraisemblablement qu'ils n'y avoient point assez réfléchi.*

voir que trois quintes fausses, comme dans la gamme, elles le feront dans presque tous les modes, & plusieurs le feront encore plus qu'elles ne le sont dans cette gamme (ee). Cependant comme on doit avoir moins d'égard aux quintes qu'aux tierces, ce tempérament, s'il en faut absolument un, pourroit être le moins mauvais, parce que les octaves seroient parfaitement justes, les tierces le moins altérées qu'il seroit possible, & parce qu'enfin il seroit assez facile dans l'exécution.

136. Accordez d'abord toute une octave

(ee) *Dans une gamme ainsi altérée, tous les tons seroient égaux, ils seroient un peu plus foibles que les tons majeurs, mais beaucoup plus forts que les tons mineurs: c'est ce dont il est facile de s'assurer en prenant une suite de quatre tierces, dont chacune seroit composée de deux tons majeurs; on verroit que le quatrieme terme de cette suite ne seroit point une octave juste du premier, mais qu'il seroit plus aigu. Donc dans une gamme tempérée, comme nous venons de le dire, chaque ton ne seroit pas tout-à-fait un ton majeur.*

comme la gamme que nous avons donnée, *ut*, *ut*✖, &c. (130). Pour cela, accordez à la quinte juste, *fa ut*, *ut sol*, *sol re*, ensuite *fa la*, tierce majeure juste, puis *la mi*, *mi si*, *si fa*✖, *fa*✖ *ut*✖, quintes justes ; enfin *si re*✖, *mi sol*✖, *fa*✖ *la*✖, tierces majeures justes ; tous les semi-tons de cette octave seront tels que nous les avons assignés (130). Si vous voulez à présent y appliquer le tempérament que nous avons proposé, n'ayez d'abord égard qu'aux quatre notes *ut*, *mi*, *sol*✖, *ut* ; haussez un peu *mi* & *sol*✖ de maniere que les trois tierces *ut mi*, *mi sol*✖, *sol*✖ *ut*, soient le plus égales qu'il sera possible ; prenez ensuite les quatre notes *ut*✖, *fa*, *la*, *ut*✖, vous pourrez hausser tant soit peu le premier *ut*✖ de maniere qu'il tienne à peu près le milieu entre *ut*✖ & *re*♭, & après avoir accordé le second *ut*✖ à l'octave juste du premier, baissez, mais très-peu, le *fa*, haussez le *la* de maniere que les trois tierces

sur la Théorie de la Musique. 173

ut✕ *fa*, *fa la*, *la ut*✕, soient le plus semblables que vous le pourrez. Prenez encore les quatre notes *re*, *fa*✕, *la*✕, *re*; après avoir baissé tant soit peu ce premier *re*, & avoir accordé le second *re* à l'octave juste du premier, hauffez *fa*✕ & *la*✕ de maniere que les trois tierces *re fa*✕, *fa*✕ *la*✕, *la*✕ *re*, soient encore le plus égales qu'il sera possible. Enfin prenez les quatre notes *re*✕, *sol*, *si*, *re*✕, vous pourrez hauffer *re*✕ de maniere qu'il tienne à peu près le milieu entre *re*✕ & *mi♭*, puis après avoir accordé le second *re*✕ à l'octave de ce premier, baissez *sol* & hauffez *si* de maniere que les trois tierces *re*✕ *sol*, *sol si*, *si re*✕, soient encore le plus égales que vous le pourrez, & vous aurez une octave accordée de maniere que toutes les tierces majeures & même que tous les tons seront aussi égaux qu'il sera possible.

137. En accordant tous les autres semitons du clavier à l'octave juste de ceux de

ceux de cette gamme, on aura un inftrument monté de manière que toutes les octaves feront parfaitement juftes, les tierces auffi égales qu'il fera poffible, & les quintes ne feront pas beaucoup plus fauffes que dans les méthodes ordinaires du tempérament. Mais comme l'altération dans les quintes révolte moins que dans les tierces, je n'héfite point à dire que la méthode que je viens de donner pour le tempérament feroit une des meilleures qu'on pût fuivre; cependant je crois qu'il feroit bien plus avantageux de s'en paffer, & d'accorder chaque gamme du clavier comme celle *ut*, *ut*✕, que nous avons donnée (130), puifque par le tempérament on n'a aucune tierce majeure jufte dans aucun mode, au lieu qu'il y en auroit fix dans lefquels on pourroit exécuter fans le tempérament de maniere à jouir de la plus grande éxactitude dans les tierces & les quintes, principales confonnances de chaque mode.

138. Au reste, cette nécessité du tempérament dans le système des modernes, si elle existe, prouve à combien de défauts ce système est sujet; elle montre que ce système n'est point dans la nature, puisqu'il a continuellement besoin du secours de l'art. Mais c'est trop nous être arrêté sur un sujet qui ne fait rien du tout à la cause que nous défendons; & si le tempérament étoit nécessaire dans le système qui sera le fruit de ces recherches, je n'hésiterois point à les croire inutiles, & à jetter au feu tout ce que j'ai écrit sur la Musique.

CHAPITRE DIXIEME.

Des Modes majeurs, & de leur transposition.

139. AVANT de développer mes idées sur les modes, je crois à propos d'exposer les différentes manieres dont on les a considérés jusqu'à présent; cela me paroît d'autant plus nécessaire, que les Modernes, qui d'ailleurs donnent à cette question une très-grande importance, croyent cependant comme une chose démontrée, qu'il ne peut y avoir que deux modes, le majeur & le mineur. Je n'ose en présenter tout de suite un grand nombre d'autres ; ce n'est qu'en les établissant sur leurs propres principes que j'espere ne point les révolter. J'exposerai donc d'abord le systême des Modernes sur les modes avec assez d'étendue pour que l'on soit persuadé que c'est avec connoissance de cause

que

que j'abandonne ce fyftême pour en propofer un autre.

140. Différens chants peuvent avoir différentes notes principales ou toniques. Le mode dans lequel un chant eft compofé, prend fon nom de la note principale de ce chant : ainfi quand la note principale d'un chant eft *ut*, on dit que ce chant eft dans le mode d'*ut*; il feroit dans le mode de *fol*, fi la tonique étoit *fol*; dans le mode de *re*, fi la tonique étoit *re*, &c. L'échelle que nous préfentons eft par conféquent dans le mode d'*ut*, parce que *ut* eft la note principale, celle qui fe repréfente le plus fouvent, celle même qui femble reproduire toutes les autres. Si au lieu de la note *ut* on avoit pris la note *fol*, alors la nouvelle échelle $\overset{1}{fol}$, $\overset{\frac{1}{2}}{fol}$, $\overset{\frac{1}{3}}{re}$, $\overset{\frac{1}{4}}{fol}$, &c. auroit été dans le mode de *fol*, &c. Mode & Echelle pris dans ce fens font parfaitement fynonimes. On connoît par conféquent le mode dans

lequel est un chant, dès que l'on connoît la tonique de ce chant ; or cette tonique termine toujours, ou presque toujours, le chant, ainsi elle est aisée à reconnoître.

141. Fort souvent, au lieu de dire un chant dans le mode d'*ut*, on dit un chant dans le ton d'*ut*, ou plus simplement encore un chant en *ut*, &c. Toutes ces expressions désignant toujours la note principale d'un chant sont équivalentes, & signifient le mode ou l'échelle de ce chant.

142. On voit par ce que nous venons de dire, que l'on peut imaginer autant de modes différens que l'on peut concevoir de notes possibles, & par conséquent une infinité : car chacune de ces notes est censée pouvoir devenir la note principale d'un chant. Mais les échelles de tous ces modes doivent-elles être parfaitement semblables entr'elles, au moins quant à l'arrangement des tons & des demi-tons, ou peuvent-elles être différentes ?

C'est fur quoi les modernes ne s'accordent point avec les anciens.

143. Si les échelles ou gammes de chaque mode doivent fe reffembler, il s'enfuit que dans chacune de ces gammes il doit y avoir des notes particulieres qui reftituent les demi-tons aux places où ils fe trouvent, dans une gamme prife pour exemple. Veut-on que la gamme de *fol* reffemble à la gamme d'*ut* ? il faudra que dans la gamme de *fol* les demi-tons fe trouvent de la tierce à la quarte, & de la feptieme à l'octave, ainfi qu'on les voit dans la gamme d'*ut*. Il faudra donc hauffer d'un demi-ton la feptieme note de la gamme de *fol*, pour que ces échelles foient femblables. Il fe trouvera donc dans la gamme de *fol* un *fa*✕ qui n'eft pas dans la gamme d'*ut*. Si la note *fa* n'avoit point été hauffée d'un demi-ton dans la gamme de *fol*, il eft clair que ces deux gammes *ut*, *re*, *mi*, *fa*, *fol*, *la*, *fi*, *ut*, & *fol*, *la*, *fi*, *ut*, *re*, *mi*, *fa*, *fol* auroient été

différentes, puisque dans la premiere le second demi-ton *si ut* se trouve de la septieme
à la huitieme, & que ce même demi-ton *mi fa*
se trouve dans la gamme de *sol* de la sixte à
la septieme. Ainsi pour que les gammes de
chaque mode se ressemblent, il est nécessaire
que chacune de ces gammes ait des notes qui
lui soient particulieres. Tel est le système des
modernes, qui veulent que les gammes de chaque mode soient semblables entr'elles.

144. Les anciens, au contraire, & même
les auteurs qui écrivoient il y a un siecle ou
deux sur la Musique, ne donnoient pas à nos
modes d'autre origine que les différentes combinaisons des notes d'une même octave. Ainsi
la gamme d'*ut* étant toujours prise pour exemple, ils disoient que la gamme de *sol* étoit *sol*,
la, *si*, *ut*, *re*, *mi*, *fa*, *sol*, dans laquelle le
fa est naturel comme dans la gamme d'*ut*, &
dans laquelle par conséquent le second demi-
ton est transposé. Ils disoient de même que

la gamme du mode de *re* étoit *re*, *mi*, *fa*, *fol*, *la*, *fi*, *ut*, *re*, dans laquelle les deux demi-tons sont transposés, puisque l'*ut* & le *fa* sont conservés naturels. On peut dire la même chose des autres modes dans la gamme desquels ils n'admettoient ni dièzes ni b-mols.

145. Nous ne parlerons point des modes de Ptolémée, parce que nous ne les connoissons point. Cet auteur (dit M. de Montucla) nous a donné d'amples tables propres à suppléer aux défauts de son explication, & de celle de ses prédécesseurs. D'après ces tables, M. de Montucla conclut que *tous les modes étoient semblables pour la succession des sons, & qu'ils ne différoient qu'en degré de gravité & de hauteur*. Tel est précisément le système des modernes que nous avons expliqué plus haut. Mais quelques soient ces tables, si le sens qu'elles presentent paroît opposé à l'explication que l'Auteur lui-même en a donnée, nous ne croyons pas qu'on doive y avoir

égard. Il nous paroîtroit même plus sûr de s'en raporter aux explications qu'aux tables, puisque personne ne peut être plus en état d'expliquer le véritable sens d'une table, que celui qui l'a construite. Ainsi nous aimons mieux ne point parler de Ptolémée, d'autant plus qu'après avoir consulté ses tables & son explication, nous sommes devenus plus incertains qu'auparavant sur la nature des modes usités chez les Grecs. Revenons au système des modernes, qui est aujourd'hui le seul suivi, & par conséquent le seul que nous devons exposer.

146. Puisque la note *fa*, qui étoit naturelle dans le mode d'*ut*, doit devenir dièze dans le mode de *sol*, & cela afin que la gamme du mode de *sol* devienne semblable à celle du mode d'*ut* (143), il est aisé de s'assurer que la note *ut* deviendroit également dièze dans le mode de *re*, puisque cet *ut* deviendroit la note sensible du mode de *re*, comme *fa* est devenue la note sensible du mode de *sol*. Ainsi

pour que les gammes de tous les modes se ressemblent, en supposant qu'il n'y ait aucun dièze dans la gamme d'*ut*, on doit en trouver un, *fa*✕, dans la gamme de *sol*, deux dans la gamme de *re*, savoir, *fa*✕ *ut*✕. Donc il est clair qu'en prenant alternativement pour tonique toutes les notes qui forment un suite de quintes en montant, comme *ut*, *sol*, *re*, *la*, *mi*, *si*, *fa*✕, &c. La seconde note de cette suite devenue tonique aura un dièze, lequel sera sur le *fa*, la troisieme en aura deux, *fa*✕ *ut*✕, la quatrieme en aura trois, *fa*✕, *ut*✕, *sol*✕, &c. de maniere que chaque nouveau dièze se trouvera toujours sur la note sensible de la nouvelle tonique.

147. Nous venons de supposer une suite de quintes en montant, nous pouvons encore supposer cette même suite en descendant depuis *ut* ; elle sera *ut*, *fa*, *si*♭, *mi*♭, *la*♭, *re*♭, *sol*♭ ; si l'on prend *fa* pour tonique, l'on aura la gamme *fa*, *sol*, *la*, *si*, *ut*, *re*, *mi*, *fa*,

dans laquelle on voit que de la septieme à l'octave il n'y a qu'un demi-ton comme dans la gamme d'*ut*; mais le premier demi-ton de cette gamme, au lieu de se trouver de la tierce à la quarte, se trouve de la quarte à la quinte: il faut donc baisser d'un demi ton la quarte de cette échelle pour la rendre semblable à l'échelle d'*ut*; c'est-à-dire qu'il faut changer le *si* naturel en *si*♭, & l'on aura l'échelle *fa*, *sol*, *la*, *si*♭, *ut*, *re*, *mi*, *fa* toute semblable à l'échelle d'*ut*.

148. En faisant les mêmes raisonnemens sur chacune des notes de cette suite de quintes, on verra qu'à chaque nouvelle tonique il faudra ajouter un nouveau ♭ sur la quarte de cette tonique. Ainsi dans le mode de *fa* il n'y a qu'un ♭, *si*♭; dans le mode de *si*♭ il y en a deux, *si*♭, *mi*♭; il y en a trois dans le mode de *mi*♭, &c.

149. Nous ajoutons ici une table de tous les modes majeurs, suivant le système des modernes.

TABLE DE TOUS LES MODES MAJEURS.

solb, reb, lab, mib, sib, fa. ut. sol, re, la, mi, fi, fa𝄪
fa, ut, fol, re, la, mi. fi. fa𝄪, ut𝄪, sol𝄪, re𝄪, la𝄪, mi𝄪
mib, sib, fa, ut, sol, re. la. mi, fi, fa𝄪, ut𝄪, sol𝄪, re𝄪
reb, lab, mib, sib, fa, ut. sol. re, la, mi, fi, fa𝄪, ut𝄪
ut, sol, reb, lab, mib, sib. fa. ut, sol, re, la, mi, fi
sib, fa, ut, sol, re, la. mi. si, fa𝄪, ut𝄪, sol𝄪, re𝄪, la𝄪
lab, mib, sib, fa, ut, sol. re. la, mi, fi, fa𝄪, ut𝄪, sol𝄪
solb, reb, lab, mib, sib, fa. ut. sol, re, la, mi, fi, fa𝄪

modernes. Dans cette table les échelles de chaque mode forment les colonnes verticales, & les rangées allant de droite à gauche, ou de gauche à droite, forment autant de suites de quintes.

150. On peut donc compter treize modes majeurs. Mais comme le mode de *fa*𝄪 & celui de *sol♭*, qui font aux extrémités de la table, font la même chose, suivant la maniere de penser des modernes, qui regardent *fa*𝄪 & *sol♭* comme une même note, il s'enfuit que ces treize modes peuvent se réduire à douze, c'est-à-dire au nombre des demi-tons qui composent la gamme des modernes.

151. Il est sensible que toutes ces gammes sont parfaitement semblables entr'elles, au moins quant à l'arrangement des tons & des demi-tons. Ainsi l'on peut indifféremment prendre l'une pour l'autre. Une piece de chant qui seroit notée en *mi* avec quatre dièzes à la clef, pourroit être par conséquent chantée

en *ut*, en disant *ut* au lieu de *mi*, & en ne comptant pour rien les dièzes qui seroient à la clef. De même, une piece en *re*♭ pourra être exécutée en *ut*, en disant *ut* au lieu de *re*♭, & en regardant comme nuls les cinq ♭-mols qui seront à la clef. Enfin on pourra toujours transposer de quelque mode majeur que l'on suppose dans quelqu'autre mode majeur que ce soit, pourvu que l'on ne mette à la clef que les seuls dièzes ou ♭-mols propres au nouveau mode dans lequel on voudra transposer. On pourra donc de *la*♭ transposer en *la*, en disant *la* au lieu de *la*♭, & en ajoutant trois dièzes à la clef au lieu de tous les ♭-mols qui y étoient, &c.

152. Si les gammes de tous les modes majeurs sont semblables pour l'arrangement des tons & des demi-tons, elles sont cependant différentes quant au degré d'élévation que chacune doit avoir. Les voix & les instrumens ont des portées fort différentes : les unes mon-

tent plus haut, les autres descendent plus bas : une voix n'est brillante que dans une certaine étendue, dès qu'elle en passe les bornes elle est étouffée, ou elle devient criarde. Il a donc été nécessaire de fixer un ton d'après lequel on pût établir les portées des voix ou des instrumens pour y avoir égard dans la partition. Ce ton est la note *la* qui se trouve à peu près dans le milieu du clavier, &c. Ainsi quoiqu'absolument parlant, les modes majeurs soient semblables entr'eux, ils sont cependant différents, relativement à un ton donné.

153. Pour mieux concevoir l'usage des douze tons majeurs, supposez que je doive chanter accompagné d'un instrument qui doit faire la même partie que moi, & que cette partie soit dans le mode d'*ut*. Cet instrument commence par me donner le ton : si au lieu de le prendre je prends un ton plus haut, alors

sur la Théorie de la Musique. 189

pour me suivre il faudra que l'instrument qui s'apprêtoit à jouer en *c sol ut* transpose, & joue en *d la re*, c'est-à-dire qu'il appellera *re* la note que j'appellerai *ut*, & il fera *fa*✖ & *ut*✖. On pourroit dire la même chose de deux instrumens sur lesquels on voudroit exécuter un même chant à l'unisson, quoique ces instrumens fussent montés sur deux tons différens.

154. Après avoir expliqué le plus éxactement qu'il nous a été possible le système des modernes sur les modes, nous croyons pouvoir nous permettre quelques réfléxions sur ce système. La premiere, c'est que cette expression *mode* ne signifie point du tout en musique l'acception suivant laquelle ce terme est pris communément. En effet, mode en françois a toujours signifié maniere d'être, caractere propre, &c. Il est donc naturel de croire que lorsqu'on a adopté cette expression dans la musique, c'est que les cho-

ses auxquelles on l'appliquoit avoient du rapport avec ce que ce mot signifioit d'ailleurs. Ainsi quand on parloit de chants de différens modes, on entendoit vraisemblablement des chants dont les caracteres étoient différens, dont l'un, par exemple, étoit gai, l'autre triste, &c. Cette remarque me paroît d'autant mieux fondée, que l'expression latine *modus*, qui signifioit chez les Latins maniere d'être, signifioit aussi ce qu'ils entendoient par *mode* en musique. Enfin chez les Grecs, le mot Νομος avoit les mêmes propriétés ; outre qu'il étoit adapté à la musique, il signifioit encore *loix, coutume, habitude, naturel*, &c. Ce qui revient au même que les deux expressions que nous avons donné au mot mode en françois. Ce mot mode ne devroit donc point être pris pour signifier l'élévation du chant comme chez les modernes ; mais plutôt pour déterminer le goût du chant comme chez les anciens. On pourroit donc dire à nos Muficiens, à l'occafion de leur changement de modes, ce que M. Rouffeau a dit de la modulation d'Armide dans ce monologue fi célebre chez nous : *vous parlez plus bas, mais vous gardez le même ton.*

155. Quelqu'un fera fans doute tenté de dire que chaque mode, même dans le fyftême des modernes, doit avoir un caractere propre. Car quoique les gammes de tous les modes foient égales entr'elles pour l'arrangement des tons & des femi-tons, elles font cependant fort différentes pour l'arrangement des tons majeurs & des tons mineurs. Or ces tons majeurs & mineurs différemment combinés doivent influer fur le goût du chant. On peut même donner de cela un exemple très-fenfible. Suppofez que *la* foit accordé à la quinte jufte de *re*, & que toutes les autres notes foient comme dans le mode d'*ut*; fi vous voulez éxécuter en *f ut fa* fur un inftrument accordé de cette maniere, la tierce

fa la $\frac{3}{4}$ $\frac{16}{27}$ $\frac{64}{81}$ sera composée de deux tons majeurs, elle ne formera donc point une consonnance agréable, puisque par cette raison là même Pythagore rejettoit les tierces au rang des dissonances. Or il paroît certain que le même chant éxécuté dans différentes gammes de maniere que dans l'une la tierce formeroit une consonnance avec la tonique, & une dissonance dans l'autre; il paroît, dis-je, certain que ce même chant semblera avoir deux caracteres différens dans ces deux différens modes: dans le dernier on le trouvera aussi dur qu'on l'auroit trouvé doux & agréable dans le premier. Les différens arrangemens des tons majeurs & des tons mineurs doivent donc donner à chaque mode un goût particulier que tout Musicien sentira pour peu que son oreille y soit éxercée.

156. Nous convenons que les différens arrangemens des tons majeurs & des tons mineurs peuvent donner à chaque mode un goût

goût, un caractere particulier ; mais ce caractere fera fi peu marqué, les nuances qui le diftingueront feront fi foibles, qu'il fera affez difficile de le reconnoître. Mais fuppofons même que cette différence foit beaucoup mieux marquée, on fera du moins obligé de convenir qu'elle eft prefque anéantie par le *tempérament*. En effet, les modernes n'ont ni tons majeurs, ni tons mineurs fur leurs inftrumens, puifqu'ils ont foin de les accorder de maniere que chaque ton foit, autant qu'il leur eft poffible, un ton moyen entre le ton majeur & le ton mineur. Voilà fans doute pourquoi M. Rameau traite de préjugé de Muficien l'opinion de ceux qui penfent que les différens modes font propres à des expreffions différentes. Ainfi, quoique les modernes reconnoiffent dans la théorie des tons majeurs & des tons mineurs, cette différence n'éxifte plus pour eux dans la pratique,

B b

puisqu'ils supofent toute l'octave divisée en douze demi-tons parfaitement semblables entr'eux. [*ee*] Les gammes des douze modes majeurs doivent donc être considérées au moins dans la pratique comme parfaitement semblables entr'elles. Chaque mode n'est donc point propre à rendre une expression particuliere. Il est donc indifférent pour le goût du chant qu'une piece soit exécutée dans un mode ou dans un autre.

157. Cependant je suis obligé de convenir qu'il y a quelques modes qui peuvent se laisser distinguer; mais par une raison un peu différente de celle qu'on vient d'apporter. Nous avons déja vu plusieurs fois que la quarte & la sixte de l'échelle des modernes, *fa* & *la*, sont différentes de la quarte & de la sixte de notre échelle harmonique : mais

---

(*ee*) *Tel est au moins le tempérament proposé par M. Rameau.*

ces deux notes, dans le mode d'*ut*, font notes de passage ; la différence de ce qu'elles sont & de ce qu'elles doivent être, ne peut donc faire que très-peu d'impression sur l'oreille, quoique ces deux notes de l'échelle des modernes prises dans l'échelle contre-harmonique ne puissent jamais se retrouver dans l'échelle harmonique [82]. Mais si ces notes, de passageres qu'elles étoient deviennent notes principales, alors elles doivent faire sentir plus vivement que l'échelle harmonique est confondue avec la contre-harmonique : & c'est sans doute pour cette raison que l'*fut fa* mineur est triste, comme le remarque M. Rousseau, parce que dans ce mode la tonique & la tierce, qui sont notes principales, sont de l'échelle contre-harmonique, pendant que toutes les autres sont de l'échelle harmonique. De même le *si*♭ majeur est tragique, comme le remarque encore M. Rousseau : car ce *si*♭ est à peu près le $\overset{9}{16}$ *si* de l'échelle contre-harmonique, dont la quinte juste est $\overline{\frac{6}{16}}$ *fa*. Ainsi la tonique & la quinte de ce mode, qui sont les deux notes principales, sont de l'échelle contre-harmonique, tandis que toutes les autres sont de l'échelle harmonique. Ce mélange des sons des deux échelles devenu très-sensible dans certains modes doit donc affecter l'oreille, & c'est aussi ce que prouve l'expérience. [*ff*]

158. La justesse plus ou moins grande des consonnances principales dans les modes, peut donner à chacun un ton de dureté ou de douceur qui le fera distinguer; mais je ne crois pas que de cette justesse seule puisse dépendre ni le goût, ni l'expression d'un chant; car il s'ensuivroit de là que le mode d'*ut* dans

---

(*ff*) Ce caractère triste de l'*f ut fa* mineur ou tragique du si♭ majeur n'est guere sensible que lorsqu'on passe dans ces modes après avoir exécuté d'abord dans un des modes de l'échelle harmonique; & il ne le seroit point du tout sur un instrument accordé suivant le tempérament proposé par M. Rameau.

lequel les confonnances principales font parfaitement juftes, feroit de tous les modes le plus agréable; cependant on connoît des modes qui flattent l'oreille plus encore que le mode d'*ut*, quoique ces confonnances ne fe trouvent pas juftes dans ces modes. L'*a mi la* majeur, par exemple, eft un des modes qui plaifent davantage; ce mode eft brillant, dit M. Rouffeau : donc la juftefle plus ou moins grande des confonnances dans un mode n'eft pas ce qui lui donne de l'expreffion, puifque l'*a mi la* majeur eft un des modes les plus agréables, quoique fa tierce majeure foit trop forte.

159. Mais de ce que les douze modes des modernes fe reffemblent tellement qu'on pourroit les regarder comme un feul, s'enfuit-il que les anciens étoient mieux fondés lorfqu'ils compofoient leurs modes des feuls fons qui fe trouvent dans l'échelle d'*ut*? Il paroît d'abord que les différens arrangemens

des tons & des demi-tons dans ce fyftême, pouvoient rendre chaque mode propre à des expreffions particuliéres, pourvu que la tonique fût fenfible. Mais comment pouvoit-elle fe laiffer diftinguer à l'oreille ? C'eft ce qu'il n'eft point aifé de concevoir. La plûpart des modes étoient fans note fenfible ; ce n'auroit donc été que par l'accompagnement ou par la terminaifon du chant qu'on auroit pu reconnoître chaque mode : mais l'accord parfait peut fe retrouver fous la tierce comme fous la tonique ; & les anciens terminoient auffi-bien leur chant par la tierce que par la tonique, comme on fe le permet encore dans le plain-chant : les anciens dêvoient donc très-fouvent héfiter fur les modes, puifqu'ils ne pouvoient avoir de regles bien certaines pour diftinguer la tonique de fa tierce. D'ailleurs tant que l'éxécution de la piéce duroit, on devoit la regarder comme du mode d'*ut*, quoiqu'elle fût fouvent d'un mode très-peu analogue à *ut*. La fin seule, par la surprise qu'elle causoit, pouvoit commencer à déterminer sur la nature du mode; or quel autre caractere cette terminaison pouvoit-elle donner à la piece, que de surprendre en finissant brusquement & de maniere à laisser quelque chose à desirer pour l'oreille ? Concluons donc que quoiqu'on ne reconnoisse point dans les modes modernes cette variété qui produisoit de si grands effets dans la musique des Grecs, qui les obligeoit de changer de lyre, ou de monter la même sur des tons différens, lorsqu'ils vouloient causer des impressions différentes ; cette variété qui faisoit qu'Alexandre couroit furieux vers ses armes toutes les fois qu'il entendoit le musicien Timothée jouer sur les cordes du mode Phrygien, & qu'il se calmoit aussi-tôt que ce Musicien quittoit le mode Phrygien pour jouer sur le mode Lydien; concluons, dis-je, que malgré ce défaut de nos modes modernes, ceux des anciens étoient encore plus défectueux. Mais convenons en même-tems que ces modes anciens ou modernes ne font pas les mêmes que ceux des Grecs : car puifque les auteurs les plus graves & les plus judicieux de l'antiquité nous affurent que chez les Grecs chaque mode avoit un caractere particulier dont les effets étoient très-fenfibles ; & puifque nous favons, par une expérience continuelle, que nos modes n'ont qu'un feul & même caractere ; de maniere qu'il eft indifférent pour le goût du chant d'éxécuter dans l'un plutôt que dans l'autre ; n'eft-on point obligé d'avouer qu'il falloit néceffairement que les modes des Grecs fuffent différens de nos modes anciens ou modernes, & que ce n'eft point une raifon fuffifante pour affurer le contraire, que de dire qu'on ne conçoit pas ce qu'ils pouvoient être, s'ils n'étoient pas femblables?

CHAPITRE

CHAPITRE ONZIEME.

De l'Echelle du mode mineur. Origine de ce mode.

160. Il fera très-aifé de fe faire une idée du mode mineur, qui felon les modernes, n'eft différent du mode majeur que par la tierce. Ainfi dans leur fyftême, le mode mineur d'*ut* eft tout fimplement *ut, re, mi♭, fa, fol, la, fi, ut*. On voit d'abord que ce qui diftingue cette gamme de celle du mode majeur, c'eft que dans celle-ci la premiere tierce *ut, mi♭* eft mineure, & qu'elle eft majeure dans l'autre. Une feconde différence que les modernes reconnoiffent entre l'échelle du mode majeur & celle du mode mineur, c'eft que l'échelle du mode majeur eft la même, foit en montant, foit en defcendant, au lieu que l'échelle du mode mineur eft différente en montant, de ce qu'elle

est en descendant. Les modernes pensent que la sixte & la septieme de cette échelle doivent être baissées d'un demi‑ton en descendant. Ainsi l'échelle du mode mineur d'*ut*, qui est en montant *ut, re, mi♭, fa, sol, la si, ut*, est en descendant *ut, si♭, la♭, sol, fa, mi♭, re, ut*.

161. Choisissons parmi les modes majeurs un mode tel qu'il n'y ait que sa tierce, sa sixte & sa septieme affectées de dièses, l'échelle de ce mode, les dièses supprimés, pourra representer l'échelle du mode mineur en descendant, & cette échelle sera toute composée de notes naturelles. Or ce mode majeur est celui de *la*, dont l'échelle est *la, si, ut✕, re, mi, fa✕, sol✕, la*. Si nous supprimons le premier dièse pour rendre la tierce mineure, nous aurons l'échelle du mode mineur en montant, *la, si, ut, re, mi, fa✕, sol✕, la*. Mais puisque dans la même échelle en descendant la sixte & la septieme doivent

être baissées chacune d'un demi-ton, supprimons encore les deux autres dièses, & nous aurons l'échelle du mode mineur en descendant, *la*, *sol*, *fa*, *mi*, *re*, *ut*, *si*, *la*, dans laquelle il est clair que toutes les notes doivent être naturelles. Dans le mode mineur de *la*, il peut donc y avoir deux notes *fa* & *sol* sur lesquelles on peut indifféremment mettre un dièse ou n'en point mettre. Ces dièses étant arbitraires, on doit se contenter de les écrire dans le courant de la piece, lorsqu'on veut qu'une des deux notes *fa* ou *sol* en soit affectées, & on ne doit point les mettre à la clef. Par conséquent le mode mineur de *la* doit se noter comme le mode majeur d'*ut*, c'est-à-dire, sans dièses ni ♭-mols à la clef.

162. Nous avons vu dans le chapitre précédent que les douze demi-tons de la gamme avoient chacun leur mode majeur, ils peuvent avoir, par la même raison, chacun leur mode mineur. Il doit donc y avoir douze mo-

des mineurs, comme nous avons vu qu'il y avoit douze modes majeurs. Tous ces modes mineurs doivent être semblables entr'eux, aussi-bien que les majeurs; il sera donc très-aisé en prenant le mode mineur de *la* pour terme de comparaison, de dresser une table des modes mineurs de tous les demi-tons de la gamme. Prenons alternativement pour toniques une suite de quintes en montant depuis *la*, cette suite sera *la*, *mi*, *si*, *fa*✕, *ut*✕, *sol*✕, *re*✕, il sera aisé de s'appercevoir que le mode mineur de *mi* deviendra semblable au mode mineur de *la*, si l'on éleve d'un demi-ton la seconde de ce mode, ou si l'on change le *fa* en *fa*✕ : car de *la* à *si* il y a un ton; de *mi* à *fa* il n'y a qu'un demi-ton; il faut donc changer le *fa* naturel en *fa*✕, pour que la gamme de *mi* devienne semblable à celle de *la* : on verra, par la même raison, que dans le mode mineur de *si* il doit y avoir deux dièses, *fa*✕, *ut*✕; qu'il doit y en avoir trois dans le mode mineur de *fa*𝄪, sçavoir, *fa*𝄪, *ut*𝄪, *sol*𝄪, &c.

163. Si au lieu d'une suite de quintes en montant, on prend alternativement pour toniques les notes d'une suite de quintes en descendant, on aura *la*, *re*, *sol*, *ut*, *fa*, *si*♭, *la*♭. Pour rendre le mode mineur de *re* semblable au mode de *la*, on verra qu'il sera nécessaire que la note *si* ou la sixieme du mode devienne ♭-mol : car dans le mode de *la* il n'y a qu'un demi-ton de la quinte à la sixte *mi*, *fa*, & il y auroit un ton dans le mode mineur de *re*, sçavoir, *la*, *si*. Il faut donc baisser cette sixte *si* d'un demi-ton, par un ♭-mol. Ainsi dans le mode de *re* mineur il ne doit y avoir qu'un seul ♭-mol, il doit y en avoir deux dans le mode de *sol*, trois dans le mode d'*ut*, &c. Il sera donc aisé de concevoir la construction de cette table, qui contient tous les modes mineurs, & dans laquelle le mode de *la*, qui est pris pour terme de comparaison, ne contient ni *dièses* ni ♭-*mols*.

TABLE DE TOUS LES MODES MINEURS.

mib, fib, fa, ut, fol, re, la. mi, fi, fa✕, ut✕, fol✕, re✕
reb, lab, mib, fib, fa, ut, fol. re, la, mi, fi, fa✕, ut✕
ut♭, fol♭, re♭, la♭, mi♭, fi♭. fa, ut, fol, re, la, mi, fi
fi♭, fa, ut, fol, re, la. mi, fi, fa✕, ut✕, fol✕, re✕, la✕
la♭, mi♭, fi♭, fa, ut, fol. re, la, mi, fi, fa✕, ut✕, fol✕
fol♭, re♭, la♭, mi♭, fi♭, fa. ut. fol, re, la, mi, fi, fa✕.
fa, ut, fol, re, la, mi. fi. fa✕, ut✕, fol✕, re✕, la✕, mi✕
mib, fib, fa, ut, fol, re. la. mi, fi, fa✕, ut✕, fol✕, re✕

sur la Théorie de la Musique. 207

164. On voit par cette table que les douze modes mineurs font semblables entr'eux, au moins pour l'arrangement des tons & des femi-tons: fi l'on y compte treize modes, c'eft que les modes de re𝄪 & de mi♭ qui font aux extrémités de la table, n'en font qu'un feul, puifque chez les modernes re𝄪 n'eft point différent de mi♭.

165. On peut appliquer à la tranfpofition des modes mineurs, ce que nous avons dit de la tranfpofition des modes majeurs [151]; les regles font les mêmes pour l'un & pour l'autre mode [gg].

(gg) *Voici les regles de tranfpofition que les Maîtres ont coutume de donner à leurs écoliers; ils font remarquer que le premier dièfe fe met toujours fur fa, le fecond fur ut, le troifieme fur fol, & ainfi de fuite en montant par quintes. La regle confifte à appeller fi la note affectée du dernier dièfe, & par ce moyen ils ont tranfpofé en ut dans le mode majeur, & en la dans le mineur; ce qui eft évident: car puifque le dernier dièfe fe met toujours fur la feptieme dans le mode majeur, en appellant fi cette feptieme, la tonique fe changera en ut; & dans le mode mineur le dernier dièfe fe trouvant toujours fur la feconde du ton, en appellant fi cette feconde, la tonique fe changera en la.*

De même pour les b-mols, le premier fe met toujours fur fi, le fecond

166. Remarquez que lorsque dans le courant d'une piece en ton majeur on trouve un nouveau dièse, ou un b-mol, ou un b-quarre qui anéantit le dièse ou le b-mol sur la ligne duquel il se trouve, alors le mode change : mais dans le mode mineur on peut rencontrer ces signes, sans que pour cela le chant change de mode, pourvu que ces signes se trouvent sur la sixte ou sur la septieme du mode : car ces deux intervalles peuvent être indifféremment majeurs ou mineurs. [161]

167. Nous avons assez constaté l'origine du mode majeur ; ce mode n'est très-probablement que la quatrieme octave de notre échelle

---

sur mi ; le troisieme *sur* la, & ainsi de suite en descendant par quintes. Si l'on appelle fa la note affectée du dernier b-mol, un ton majeur se trouvera transposé en ut, puisque dans le mode majeur le dernier b-mol se trouve toujours sur la quarte du ton ; (147) & que fa est la quarte d'ut : & dans le mode mineur on aura transposé en la, puisque dans le mode mineur le dernier b-mol se pose toujours sur la sixieme note du mode, & que fa est la sixieme note du mode de la.

sur la Théorie de la Musique.

échelle. L'origine du mode mineur ne nous sera pas plus difficile à établir. M. Rameau avoit cru que l'origine de ce mode étoit suffisamment indiquée par le frémissement des cordes montées, l'une à la douzieme, l'autre à la dix-septieme majeure au-dessous d'une autre corde qu'on fait résonner. [Voyez cette expérience 66]. M. d'Alembert avoit d'abord adopté cette idée dans la premiere édition de ses Elémens de Musique, mais il l'abandonne absolument dans la seconde, & déduit l'origine du mode mineur de l'expérience même de la résonnance multiple des corps sonores, dont il avoit déduit l'origine du mode majeur. Cet auteur prétend que l'accord parfait mineur *ut*, *mi*♭, *sol* est dicté par la nature, parce que *ut* & *mi*♭ font l'un & l'autre résonner *sol*, quoique *mi*♭ ne résonne pas dans *ut*. *En effet*, ajoute-t'il, *l'expérience prouve que l'oreille s'accommode à peu près aussi-bien de cet accord* ut, mi♭, sol, *que de l'accord parfait majeur* ut, mi, fol. [*hh*]

168. Pour nous, avant que de rechercher l'origine du mode mineur, nous croyons devoir d'abord examiner quelle doit être l'échelle de ce mode. Nous avons vu (161) que

---

(*hh*) *Cette idée qui soumet l'origine des deux modes à une même expérience, paroît avoir flatté M. d'Alembert. Ce Philosophe paroît même avoir crû que la résonnance multiple du corps sonore pouvoit être le principe unique de l'harmonie. Il est vrai qu'il ne l'affirme pas démonstrativement; mais il lui paroîtroit injuste de rejetter ce principe, parce que certains phénomènes ne paroissent pas s'en déduire aussi heureusement que les autres.* [Discours prél. de la seconde édit. des élémens de musique.] *Au reste ce savant s'est bien apperçu qu'il y avoit encore beaucoup à faire à la Théorie de la Musique, puisqu'il exhorte* [ibidem] *les Philosophes & les Artistes à faire de nouveaux efforts pour la perfectionner. Mais, ajoute-t'il,* » *l'expérience seule doit être la base de leurs re-*»*cherches. C'est uniquement en observant des faits, en les rapprochant* » *les uns des autres, en les faisant dépendre, ou d'un seul fait, s'il est* »*possible, ou du moins d'un très-petit nombre de faits principaux, qu'ils* » *pourront parvenir au but si désiré d'établir sur la musique une théorie* » *exacte, complette & lumineuse.* « *Il nous paroit assez indifférent, à nous, que ce principe dont on déduira les loix de l'harmonie soit lui-même un fait, une expérience. Nous avons même un peu de peine à concevoir comment un principe général ou fondamental pourroit être un fait. Tout ce que nous croyons nécessaire, c'est que ce principe, quel qu'il soit, se trouve confirmé par le plus grand nombre d'expériences qu'il sera possible de rassembler.*

sur la Théorie de la Musique. 211

l'échelle du mode mineur de *la* étoit en montant *la, si, ut, re, mi, fa*✕, *sol*✕, *la,* & en descendant, *la, sol, fa, mi, re, ut, si, la.* Nous disons hardiment, ou que ce mot *échelle* ne signifie rien du tout, ou qu'il doit signifier l'énumération de toutes les notes qui doivent entrer dans un mode. [*ii*] Une échelle quelconque d'un mode doit contenir tous les sons, & les seuls sons propres à ce mode. L'échelle en montant doit donc être composée des mêmes sons qu'en descendant. C'est donc une chose futile que cette distinction de l'é-

---

[*ii*] » *La gamme, de même que toute autre échelle diatonique, peut*
» *être envisagée sous deux faces différentes, ou comme un trait de mé-*
» *lodie & de chant diatonique : en ce cas peu importe que ce chant*
» *soit traité comme tenant à un ou à plusieurs modes : ou bien on*
» *considere la gamme comme une énumération complette des sons pro-*
» *pres à un mode, auquel cas, quoiqu'il en soit de la mélodie qu'elle of-*
» *fre, & de la basse fondamentale qui lui convient, c'est une nécessité que*
» *cette énumération contienne tous les sons, & les seuls sons propres à ce*
» *mode.* Observ. sur les principes de l'harm. par M. Serre, p. 45.
Il est clair que c'est sous cette seconde face que nous considérons à présent l'échelle du mode mineur. Voyez encore la Théorie de la Musique, par M. Balliere, page 268 & suiv.

chelle d'un mode en montant, & de la même échelle en descendant. Il n'y a rien dans la nature ni dans les loix de la musique, fondées sur l'expérience, qui impose à cette gamme l'obligation d'être précisément de sept notes. Si l'échelle d'un mode contient un plus grand nombre de sons, on peut donc, ou plutôt on doit les y retrouver tous, quel que soit le nombre de notes dont la gamme sera alors composée. Ainsi puisque *fa* & *sol* naturels appartiennent au mode mineur de *la*, de même que *fa*✕ & *sol*✕, on doit donc trouver dans l'échelle du mode mineur de *la*, *fa* & *sol* naturel, comme on y trouve *fa*✕ & *sol*✕: cette gamme doit donc être soit en montant soit en descendant,

la, *si*, *ut*, *re*, *mi*, *fa*, *fa*✕, *sol*, *sol*✕, *la*. elle doit donc être composée de neuf notes, puisqu'il y a neuf sons qui appartiennent à ce mode.

169. L'échelle du mode mineur étant une fois

sur la Théorie de la Musique. 213

établie, voyons si nous ne retrouverons pas quelque rapport entre cette échelle & l'une des octaves de notre échelle harmonique. Pour cela je remarque que dans le mode mineur la tonique doit essentiellement porter une tierce mineure, & qu'il doit y avoir une note entr'elle & cette tierce. Je jette ensuite les yeux sur l'échelle harmonique, & je trouve que $\overset{\frac{1}{9}}{mi}$ porte sa tierce mineure juste $\overset{\frac{1}{12}}{sol}$, & que cette tierce mineure est partagée en deux par la note $\overset{\frac{1}{11}}{fa}$. Je prends donc toutes les notes comprises entre $\overset{\frac{1}{10}}{mi}$ & son octave $\overset{\frac{1}{20}}{mi}$, ces notes que je trouve de suite dans cette échelle forment la gamme ou l'octave

mi, fa, sol, la, za, si, ut, ut✕, re, re✕, mi.
Je cherche ensuite l'échelle du mode mineur de mi semblable à l'échelle du mode mineur de la, que nous avons trouvé (168) la, si, ut, re, mi, fa, fa✕, sol, sol✕, la, on verra aisément par la table que nous avons don-

née (163) , que cette échelle doit être
mi, fa𝄪, sol, la, si, ut, ut𝄪, re, re𝄪, mi.

170. Comparons presentement ces deux
octaves de *mi* , & nous ferons surpris de voir
qu'il n'y a entr'elles d'autres différences que
celles qui se trouvent entre l'échelle du mode
majeur & la quatrieme octave de notre échelle. Dans cette quatrieme octave il y a une note
de plus $\frac{7}{a}$ que dans l'échelle diatonique des modernes; le *fa* de cette quatrieme octave est un
peu plus haut, & le *la* est un peu plus bas que ne
font le *fa* & le *la* de cette échelle (21). De même dans l'octave de *mi* prise sur notre échelle,
il y a une note de plus $\frac{7}{a}$ que dans l'échelle
du mode mineur de *mi* : le *fa* étant dièse dans
cette même échelle , est plus haut que le *fa*
tiré de notre échelle harmonique, puisque ce
fa tient à peu près le milieu entre le *fa*𝄪 &
le *fa* naturel des modernes. Enfin la note *la*
de l'échelle du mode mineur est aussi un peu
plus haut que $\overset{\frac{1}{13}}{la}$ de notre échelle. Car cette

note *la* du mode mineur est la quarte juste au-dessus de $\overset{\frac{1}{10}}{mi}$; elle doit donc être exprimée par $\overset{\frac{3}{40}}{la}$ ou $\overset{\frac{1}{13\frac{1}{3}}}{la}$. Donc en ajoutant au mode mineur de *mi* la note *za*, & en baissant d'un quart de ton environ les notes *fa*✕ & *la*, on trouveroit que l'échelle de ce mode mineur seroit précisément composée des mêmes notes qui se trouvent de suite dans notre échelle harmonique entre $\overset{\frac{1}{10}}{mi}$ & $\overset{\frac{1}{20}}{mi}$. Mais puisque ces différences qui se trouvent être les mêmes entre la gamme des modernes & la quatrieme octave de notre échelle harmonique ne nous ont point empêché de conclure que cette gamme des modernes devoit son origine à cette quatrieme octave, puisque, dis-je, cela a été pour ainsi dire démontré dans la suite de cet ouvrage, nous pouvons conclure avec autant de raison que la gamme du mode mineur tire également son origine de notre échelle harmonique.

171. Cette origine du mode mineur si simple, si analogue à celle du mode majeur, nous paroît être une nouvelle preuve en faveur de l'échelle que nous proposons, puisque l'on voit que les deux modes que les modernes regardent comme naturels y sont également compris, puisque l'on voit qu'elle satisfait d'une maniere bien simple, & moyennant très-peu de changemens qui ne peuvent être qu'avantageux, à ce qui avoit paru jusqu'à présent ne pouvoir être expliqué que par des suppositions pour la plûpart peu fondées. La quatrieme octave de notre échelle est la gamme des modernes, à laquelle on a fait les moindres changemens possibles pour la rendre réguliere ; de même toutes les notes de notre échelle comprises entre mi & son octave $\overset{\frac{1}{10}}{mi}$ forment la gamme du mode mineur, à laquelle on auroit fait les moindres changemens possibles pour la rendre réguliere.

172.

172. Nous avons vu [73] que notre échelle enrichiroit la musique d'un grand nombre d'intervalles qui n'étoient pas seulement soupçonnés, & que dans bien des circonstances ces intervalles devoient fournir les expressions les plus heureuses; l'origine que nous venons de donner au mode mineur doit, à présent faire imaginer que chaque note de l'échelle harmonique a de même un mode qui lui est propre, & par conséquent qu'il doit y avoir une infinité de modes tous aussi différents entr'eux, que le mode majeur l'est du mineur. C'est ce que nous allons examiner dans le chapitre suivant.

CHAPITRE DOUZIEME.

Comment on doit considérer les Modes.

173. IL y a quelques années qu'un Musicien fort connu proposa un troisieme mode, qu'il assuroit différer davantage du mode majeur & du mode mineur, que ces deux derniers ne different entr'eux. Ce mode *mi, fa, sol, la, si, ut, re, mi*, composé tout entier des notes du mode d'*ut*, n'a été je crois adopté par personne. On a objecté à M. de Blainville que ce mode n'étoit que le mode d'*ut* lui-même pris en descendant. On pouvoit se contenter de lui dire que ce mode proposé d'abord par Pythagore [121], reconnu ensuite des anciens pour un mode particulier, pour être le mode de *mi*, devoit simplement être regardé aujourd'hui comme l'une des variations du mode d'*ut*, ou si l'on veut, comme un chant dans

le mode d'*ut*; ainsi que tous les autres à qui les anciens avoient conféré cette qualité de mode ; puisqu'on ne trouve dans aucun de ces modes, ni notes, ni intervalles étrangers au mode d'*ut*.

174. Suivant les modernes, le mode majeur n'est distingué du mineur que par la tierce. Si l'on examine le mode mineur tel que notre échelle nous l'a fait connoître, on verra facilement que ce mode doit différer du majeur, non-seulement par la tierce, mais même par tous les intervalles de suite comparés un à un. Il doit encore différer par des intervalles particuliers propres au seul mode mineur tels que $\frac{16}{17}$ & $\frac{18}{19}$, par le nombre des intervalles, & enfin par des notes particulieres qui ne peuvent point se trouver dans les deux modes d'une même tonique. Toutes ces différences doivent rendre les deux modes plus tranchans que nous ne l'éprouvons habituellement. Les

modernes ne se sont point contentés de réduire tous les modes aux deux modes, le majeur & le mineur; ils ont encore tâché de rapprocher tellement ces deux modes, qu'il seroit aisé de les confondre. Je me représente un Peintre qui interdiroit sévérement à ses élèves toutes couleurs qui trancheroient trop entr'elles, & qui ne leur permettroit que l'usage de deux ou trois couleurs dont ils ne pourroient former que des nuances; assurément les leçons de ce Peintre ne feroient jamais des *Appelles*.

175. Nous supposons l'origine du mode majeur & du mode mineur bien constatée; ces deux modes ont cela de commun, c'est que leurs échelles forment une suite harmonique dont le premier terme est double du dernier. Ne pourroit-on donc pas former d'autres modes que le majeur & le mineur, & qui suivroient la même loi que suivent ces deux premiers? par exemple, ne pourroit-on

sur la Théorie de la Musique. 221

pas former un mode de toutes les notes comprises entre *sol* $\frac{1}{12}$ & *sol* $\frac{1}{24}$, comme on a formé le mode majeur de toutes les notes comprises entre *ut* $\frac{1}{8}$ & *ut* $\frac{1}{16}$, & le mode mineur de toutes les notes comprises entre *mi* $\frac{1}{10}$ & *mi* $\frac{1}{20}$? Tout porte à le croire. 1°. Ce mode seroit aussi différent du mode mineur, que le mode mineur est différent du mode majeur. 2°. Ce mode seroit, comme les deux premiers, une progression harmonique, dont le premier terme seroit double du dernier. Il paroît donc presque certain, & toutes les analogies semblent le prouver, qu'on peut donner pour un troisieme mode l'octave de *sol* $\frac{1}{12}$, dont les sons se trouvent de suite dans notre échelle. L'échelle de ce mode sera, *sol*, *la*, *za*, *si*, *ut*, ✕ , *re* , $\frac{1}{12}, \frac{1}{13}, \frac{1}{14}, \frac{1}{15}, \frac{1}{16}, \frac{1}{17}, \frac{1}{18}$, ✕, *mi*, ✕, *fa*, ✕ , *sol*. $\frac{1}{19}, \frac{1}{20}, \frac{1}{21}, \frac{1}{22}, \frac{1}{23}, \frac{1}{24}$ Nous convenons qu'aucune expérience n'a encore suggéré ce mode ; mais la maniere dont nous l'avons déduit, l'analogie exacte qui se trouve entre ce mode & les deux que nous connoiſſons, fait que nous n'héſitons pas à le donner pour un troiſieme mode, dans lequel nous engageons les Muſiciens à travailler.

176. Nous allons même plus loin, & nous ne craignons pas de dire que toute ſuite de ſons, dont les expreſſions feront une progreſſion harmonique, telle que le premier terme ſera double du dernier, formera l'échelle d'un mode particulier, qui prendra ſon nom de la note qui répondra au premier terme de la progreſſion. Or, comme tous les nombres poſſibles peuvent chacun devenir le premier terme d'une progreſſion harmonique, il s'enſuit qu'il peut y avoir une infinité de *modes* dans le ſens où nous prenons le mode majeur & le mode mineur; ce que l'on peut déduire légitimement de la formation de ces deux modes. Si la nature offre au Peintre une infinité de couleurs différentes, pour qu'il

puisse tracer tous les tableaux qui existent dans son imagination, elle offre de même au Musicien une infinité de modes différents, pour qu'il puisse exprimer les différents sentimens dont il peut être affecté. Il ne tient donc qu'au Musicien de se rendre propres tous ces modes, en étudiant leur rapport & leurs effets, comme le peintre est obligé d'étudier le rapport & les effets des couleurs, avant que de faire autre chose que du barbouillage.

177. Il est clair que tous ces modes, dont le nombre seroit infini, se retrouveroient de suite dans notre échelle harmonique, si elle étoit prolongée à l'infini. Mais sans étendre nos recherches si loin, voyons simplement quels sont les premiers qu'elle nous présente. Nous avons déja reconnu les modes d'*ut*, de *mi*, de *sol*, plaçons chacun dans le rang qu'il occupe dans la gamme, nous aurons toutes les échelles suivantes.

$\frac{1}{8}, \frac{1}{9}, \frac{1}{10}, \frac{1}{11}, \frac{1}{12}, \frac{1}{13}, \frac{1}{14}, \frac{1}{15}, \frac{1}{16}$
ut, re, mi, fa, sol, la, za, si, ut

$\frac{1}{9}, \frac{1}{10}, \frac{1}{11}, \frac{1}{12}, \frac{1}{13}, \frac{1}{14}, \frac{1}{15}, \frac{1}{16}, \frac{1}{17}, \frac{1}{18}$
re, mi, fa, sol, la, za, si, ut, ※, re

$\frac{1}{10}, \frac{1}{11}, \frac{1}{12}, \frac{1}{13}, \frac{1}{14}, \frac{1}{15}, \frac{1}{16}, \frac{1}{17}, \frac{1}{18}, \frac{1}{19}, \frac{1}{20}$
mi, fa, sol, la, za, si, ut, ※, re, ※, mi

$\frac{1}{11}, \frac{1}{12}, \frac{1}{13}, \frac{1}{14}, \frac{1}{15}, \frac{1}{16}, \frac{1}{17}, \frac{1}{18}, \frac{1}{19}, \frac{1}{20}, \frac{1}{21}, \frac{1}{22}$
fa, sol, la, za, si, ut, ※, re, ※, mi, ※, fa,

$\frac{1}{12}, \frac{1}{13}, \frac{1}{14}, \frac{1}{15}, \frac{1}{16}, \frac{1}{17}, \frac{1}{18}, \frac{1}{19}, \frac{1}{20}, \frac{1}{21}, \frac{1}{22}, \frac{1}{23}, \frac{1}{24}$
sol, la, za, si, ut, ※, re, ※, mi, ※, fa, ※, sol

$\frac{1}{13}, \frac{1}{14}, \frac{1}{15}, \frac{1}{16}, \frac{1}{17}, \frac{1}{18}, \frac{1}{19}, \frac{1}{20}, \frac{1}{21}, \frac{1}{22}, \frac{1}{23}, \frac{1}{24}, \frac{1}{25}, \frac{1}{26}$
la, za, si, ut, ※, re, ※, mi, ※, fa, ※, sol, ※, la,

&c. &c. &c.

178. Tous ces modes different entr'eux non-seulement par la tierce comme les modes majeurs & mineurs des modernes, mais par tous & chacun de leurs intervalles, dont la tonique seroit le terme le plus grave. Ils different encore par le nombre des notes qui entrent dans chaque échelle, &c. Quelle plus grande preuve que notre échelle harmonique est immédiatement dictée par la nature, que cette prodigieuse fécondité que nous lui trouvons ?

vons ? Ces modes se ressemblent, non-seulement parce qu'ils sont tous formés d'une progression harmonique dont le premier terme est double du dernier, mais encore parce que les notes dont les dénominations sont les mêmes, ont & doivent avoir les mêmes valeurs dans tous ces modes ; par conséquent plus de *tempérament.* Ce problême, dont la théorie confondoit les plus sçavantes spéculations, & dont la solution eût presque anéanti le plaisir de l'harmonie en lui donnant des entraves trop étroites, ne doit plus embarrasser ni le Musicien géomètre, ni le Musicien artiste ; les intervalles ne seront plus altérés, l'harmoniste aura dans son oreille un guide toujours sûr lorsqu'il accordera ces instrumens magnifiques qui, destinés à imprimer dans nos cœurs la plus profonde vénération pour la divinité, ne servent souvent, par le bruit importun qu'ils font sous des doigts mal-habiles, qu'à nous distraire du

F f

respect que le lieu saint doit nous inspirer.

179. En considérant les modes tels que nous les presentons, on trouvera qu'ils offrent encore d'autres avantages non moins importans. Chaque mode se laissera facilement distinguer, non-seulement par le goût du chant, par le nombre des notes qui composent son échelle, mais encore par la note sensible qui dans ces modes doit faire plus d'effet qu'elle n'a coutume d'en faire dans les modes majeurs des modernes. La transposition n'aura plus lieu; il ne faudra plus qu'une seule clef dans la Musique; un signe avec cette clef suffira pour marquer dans quelle octave de l'échelle harmonique sera prise la tonique; on pourra même se passer de ce signe, comme on le verra quand nous parlerons de la mesure. Enfin il sera aisé à tout Musicien de se convaincre que rien n'est plus facile à rendre à la voix que chacune des échelles de ces modes. Qu'il fasse chan-

ter à l'un de ses plus foibles écoliers la sixieme octave de l'échelle harmonique composée de quarts de ton, il sera surpris de la justesse avec laquelle, en très-peu de temps, il rendra cette octave, pourvû qu'il ait soin de lui donner avec un instrument, ou autrement, les tons *fa*, *la* & *za*; auxquels il n'est point accoutumé. Nous avons fait nous-même là-dessus, en présence de personnes très-capables d'en juger, des essais dont nous avons eu tout lieu d'être contens.

180. Mais, dira-t'on, les gammes de chacun de ces modes étant composées d'un bien plus grand nombre de notes que la gamme ordinaire, sont par conséquent sujettes à un plus grand nombre de combinaisons prises deux à deux. Il doit donc y avoir dans ces différentes combinaisons des intervalles moins simples que dans la gamme des modernes. Ainsi quoiqu'il paroisse que la voix puisse aisément rendre de suite chacune de ces gam-

mes, il ne faut cependant pas conclure qu'elle rendra avec facilité un chant quelconque composé dans l'un de ces modes, puisque dans ce chant il pourra se trouver des intervalles beaucoup plus difficiles à rendre que dans la gamme ordinaire. Il vaut donc tout autant garder notre premiere gamme que d'en adopter de nouvelles, dans lesquelles il ne seroit point possible à la voix d'exécuter fidélement.

181. Qu'on y réfléchisse bien, on sentira que cet inconvénient n'est pas si grand qu'on pourroit d'abord le croire. Interrogez un Musicien accoutumé à accompagner une voix seule, quoique cette voix passe pour juste, il vous dira cependant qu'il est souvent obligé de se prêter à ses infléxions, & de faire lui-même assez souvent des tons peu justes sur son instrument, pour qu'on ne s'apperçoive point du peu de précision avec laquelle la voix rend certains intervalles. Cet inconvénient ne seroit donc point unique-

ment attaché à nos modes, puisqu'il subsiste également dans le syftême qui est en usage. D'ailleurs nous suppofons que le compofiteur ne laiffera pas au hazard le choix de ses notes; qu'il aura étudié long-temps chaque mode avant que de commencer à compofer dans un feul de ces nouveaux modes [*kk*] : enfin qu'il aura fon chant dans la tête avant que de le mettre fur le papier. Moyennant cette derniere précaution, nous pouvons faire ef-

_____

(*kk*) Nous ne croyons pas qu'il fût jufte de juger ces nouveaux modes par les premiers effais qu'on en pourroit faire. Dans tous les Arts, les premiers effais n'annoncent guere ce que l'art deviendra par la fuite entre les mains de l'Artifte. Ce n'eft qu'à force d'ufage, ce n'eft qu'après avoir noirci long-temps du papier, que le Muficien pourra efpérer quelque fuccès dans une carriere fans doute auffi nouvelle pour lui. Nous étudions tant que nous le pouvons le génie des Italiens, mais il s'en faut bien que nous compofions encore comme les Italiens ; preuve que le goût & la maniere affez facile à fentir fur-tout en mufique, font cependant très-difficiles à retenir. Il faut avouer, dit M. de Voltaire, (le monde comme il va, chap. xx) qu'en tout genre les premiers effais font toujours groffiers. Il feroit donc plus furprenant de voir éclôre tout d'abord de la bonne mufique de ces nouveaux modes, qu'il ne feroit furprenant qu'un Muficien excitât par fon art quelques émotions, malgré le peu de reffources que cet art, tel qu'il eft aujourd'hui, lui préfente.

pérer à tout Musicien qu'il lui sera aussi facile de rendre des chants pris dans quelque mode que ce soit, qu'il lui seroit facile de rendre des chants composés dans le mode majeur. Peut-être même aura-t'il encore plus de facilité si le chant est bien fait, & s'il a bien saisi auparavant le caractère du mode dans lequel il aura à chanter.

182. Il y a d'autres modes qui, dans notre échelle harmonique, précedent ceux dont nous venons de parler, & qui, par leur dureté, me paroissent propres à être introduits dans la Musique : ces modes sont,

$\frac{1}{5}$ $\quad$ $\frac{1}{6}$ $\quad$ $\frac{1}{7}$ $\quad$ $\frac{1}{8}$ $\quad$ $\frac{1}{9}$ $\quad$ $\frac{1}{10}$
mi, sol, za, ut, re, mi

$\frac{1}{6}$ $\quad$ $\frac{1}{7}$ $\quad$ $\frac{1}{8}$ $\quad$ $\frac{1}{9}$ $\quad$ $\frac{1}{10}$ $\quad$ $\frac{1}{11}$ $\quad$ $\frac{1}{12}$
sol, za, ut, re, mi, fa, sol

$\frac{1}{7}$ $\quad$ $\frac{1}{8}$ $\quad$ $\frac{1}{9}$ $\quad$ $\frac{1}{10}$ $\quad$ $\frac{1}{11}$ $\quad$ $\frac{1}{12}$ $\quad$ $\frac{1}{13}$ $\quad$ $\frac{1}{14}$
za, ut, re, mi, fa, sol, la, za

de quelque petit nombre de notes que chacun de ces modes soit composé, nous ne doutons pas cependant qu'un Musicien habile

sur la Théorie de la Musique. 231

n'en sache tirer parti dans l'occasion.

183. Nous avons trouvé huit modes pour chacune des huit notes de notre quatrieme octave, on en trouvera seize pour chacune des notes de la cinquieme octave, auxquelles on peut ajouter la premiere note de la sixieme, (car nous ne croyons pas que la voix puisse procéder par plus petits intervalles, & nous pensons qu'il faut laisser aux oiseaux le soin de s'éxercer dans les gammes suivantes) cela fera vingt-cinq modes ; ajoutons encore les trois dont nous venons de parler, on aura en tout vingt-huit modes dans notre échelle harmonique, dans lesquels il sera possible d'éxécuter, & qui auront tous entr'eux pris de suite la même différence.

184. Mais si notre échelle harmonique paroît si féconde, la contr'harmonique ne l'est pas moins. Il faudra donc considérer aussi vingt-huit autres modes dans cette seconde échelle, ce qui fait en tout 56. La Musique

étoit une langue qui n'avoit que deux expressions, nous lui en trouvons 56. Mais le Musicien sera-t'il jamais en état de parler avec pureté & énergie cette nouvelle langue si riche? Nous conseillons de s'en tenir pendant long-temps aux modes principaux des deux échelles, c'est-à-dire aux modes d'$\overset{\frac{1}{8}}{ut}$, de $\overset{\frac{1}{10}}{mi}$, de $\overset{\frac{1}{12}}{sol}$, de $\overset{\frac{1}{14}}{za}$ & d'$\overset{\frac{1}{16}}{ut}$ de l'échelle harmonique, & aux modes d'$\overset{8}{ut}$, de $\overset{10}{la}$, de $\overset{12}{fa}$, de $\overset{14}{re}$ & d'$\overset{16}{ut}$ de l'échelle contr'harmonique, si même on juge à propos de composer dans cette échelle, ce qui, je crois, sera toujours très-difficile.

CHAPITRE

CHAPITRE TREIZIEME.

Des différens Genres de Musique.

185. Les Musiciens ont distingué trois genres de Musique, savoir le genre *diatonique*, le *chromatique* & l'*enharmonique*.

186. On dit qu'un chant est dans le genre diatonique, lorsque dans ce chant il ne se trouve point plusieurs demi-tons de suite : de-là vient que la gamme des modernes est appellée assez souvent *échelle diatonique*.

187. Un chant est dans le genre *chromatique* lorsqu'il s'y trouve plusieurs demi-tons de suite, lesquels demi-tons doivent être alternativement majeurs & mineurs. » Nous » appellons chromatique dans la Musique mo- » derne, tout trait de chant qui monte ou » qui descend par demi-tons, quel que soit leur » nombre. « *Hist. des Math.* tom. 1. p. 130.

Plusieurs demi-tons majeurs de suite ne formeroient point un chant chromatique : » le » demi-ton mineur constitue le genre appellé » *chromatique.* « Elém. de Muſ. Théor. & Prat. chap. 18. » Tous les chants où l'on ap- » perçoit le demi-ton mineur ſont chromati- » ques dans les endroits où paroît ce demi- » ton. « M. Béthyſi, pag. 168. Il paroît par ces définitions qu'il ne feroit guere poſſible de compoſer toute une piece dans ce genre. Il peut ſeulement ſe trouver par trait de chant dans le paſſage d'un mode à un autre. Cela ne valoit pas beaucoup la peine d'en faire un genre. Auſſi les modernes n'ont point donné d'échelle de ce genre de Muſique ; cela même ne leur auroit point été poſſible ; car puiſque par leur définition le chromatique eſt le genre où le chant procede ſucceſſivement par demi-tons majeurs & mineurs ; en procédant ainſi ils n'auroient pas retrouvé l'octave juſte de la tonique de l'échelle. Car le demi-ton majeur $\frac{15}{16}$ ajouté au demi-ton mineur $\frac{24}{25}$ ne peut former qu'un ton mineur (note bb); donc ils n'auroient eu dans tout le cours de cette échelle que des tons mineurs, & point de tons majeurs ; donc la note qu'ils auroient trouvée pour l'octave de la tonique de cette échelle auroit été au-dessous de l'octave juste de cette même tonique de trois fois la différence du ton majeur au ton mineur, puisqu'il y a trois tons majeurs dans la gamme. (Voyez M. Béthysi, p. 175.)

188. Nous ne nous arrêterons pas beaucoup à ce que les modernes ont appelé le genre *enharmonique*. Ce genre, ainsi que le *diatonique-enharmonique* & le *chromatique-enharmonique*, ne présente que des regles, ou plutôt des licences pour passer d'un mode à un autre; licences fondées sur des renversemens d'accords, à peu près comme nous avons vu (95) *ut* être suivi immédiatement de *re* dans la basse fondamentale, au moyen

du renverfement de l'accord *fa*, *la*, *ut*, *re* en *re*, *fa*, *la*, *ut*. Ce n'eft pas là l'idée que prefente ce mot *genre*. Un mode devroit être regardé comme dérivé d'un genre ; or fi chaque mode a fon échelle particuliere, à plus forte raifon chaque genre devroit-il avoir la fienne. On devroit donc pouvoir compofer des pieces entieres dans un genre, comme on peut en compofer dans un mode. Les genres de mufique devroient donc être regardés autrement que comme des moyens pour paffer dans des modes éloignés. Auffi y a-t'il une très-grande différence entre les définitions que les Grecs donnoient autrefois des genres de mufique, & celles que l'on en donne aujourd'hui, fur-tout du *chromatique* & de *l'enharmonique*.

189. Suivant les Grecs, les différentes manieres de divifer le tétracorde conftituoient les différens genres. Pour entendre cette définition, qu'on fe reprefente un inf-

trument composé de quatre cordes, dont les deux extrêmes rendent nécessairement la quarte, & dont le son de chacune des moyennes peut se rapprocher ou s'éloigner à volonté de celui des extrêmes : cet instrument sera le tétracorde des Grecs. Hausse-t'on ou baisse-t'on les deux cordes moyennes sans toucher aux extrêmes, on monte l'instrument dans un genre différent de celui dans lequel il étoit. Les Grecs pouvoient donc avoir un nombre infini de genres, puisqu'on peut combiner à l'infini les intervalles que les deux cordes moyennes peuvent rendre avec les deux extrêmes. Mais tous ces genres ils les réduisoient à trois seulement, qu'ils mêloient quelquefois ensemble, & ces trois genres étoient comme chez nous le diatonique, le chromatique & l'enharmonique. Ils comptoient deux sortes de diatoniques, le diatonique mou & le diatonique syntonique; trois sortes de chromatiques, le chromatique mou, le chromatique sesqui-altere, & le chromatique tonique. Le genre enharmonique n'étoit point subdivisé.

190. Si l'on veut savoir quels sont les intervalles que rendoient dans ces différens genres les cordes du tétracorde : que l'on suppose comme les Grecs (Euclides, pag. 11, Traduct. de Meibomius), un ton majeur, qu'ils définissoient la différence de la quarte à la quinte ; qu'on suppose, dis-je, ce ton divisé en douze parties, trois de ces parties formoient ce qu'ils appelloient un dièse enharmonique, quatre formoient leur dièse chromatique, six leur demi-ton, & trente leur tétracorde entier, puisque la quarte n'est composée que de deux tons & demi (*ll*). Cela

---

[*ll*] *Cette maniere de diviser le ton, ou de déterminer les intervalles, me paroît fort ingénieuse. Il est vrai qu'elle n'étoit point exacte, mais ce défaut n'a pas empêché Euclide de s'en servir, quoique d'ailleurs il ait démontré qu'il n'étoit pas possible de diviser un ton en plusieurs parties égales ; que la quarte n'étoit pas tout-à-fait composée de*

sur la Théorie de la Musique. 239

posé ; dans le diatonique syntonique, le premier intervalle de la corde la plus grave à la suivante, étoit de six de ces parties, ou d'un demi-ton ; les deux autres intervalles étoient composés de douze parties, ou d'un ton chacun. Dans le diatonique mou, le premier intervalle étoit également de six de ces parties, le second étoit de neuf ou de $\frac{3}{4}$ de ton, le troisieme étoit de quinze, ou d'un ton & d'un quart de ton. Dans le chromatique tonique, les deux premiers intervalles étoient d'un demi-ton chacun, le troisieme étoit par conséquent de dix-huit parties, ou d'un ton &

---

deux tons & demi, &c. [Théor. 15, & 16, page 34 & 35, Traduct. de Meibomius]. Il me paroît donc qu'on a eu grand tort de faire à Aristoxène de si vifs reproches à l'occasion de cette division; dont il s'est dit l'Auteur, 1°. parce que cette division est suffisante pour la pratique; 2°. parce qu'il est vraisemblable qu'Aristoxène s'est expliqué sur ce sujet dans d'autres ouvrages qu'il a composés en grand nombre, même sur la Musique, & qui ne sont pas parvenus jusqu'à nous.) Si nous n'avions que l'introduction harmonique d'Euclide, on se croiroit en droit de lui faire les mêmes reproches ; qu'on lise la partie intitulée : Sectio Canonis ; on verra combien ces reproches seroient peu fondés.

demi. Dans le sefqui-altere les deux premier intervalles étoient de quatre parties & demi chacun, ou d'un dièse enharmonique, & de la moitié d'un dièse enharmonique, le troisieme devoit donc être de vingt-une parties. Dans le chromatique mou les deux premiers intervalles étant chacun d'un dièse chromatique ou de quatre parties de ton, le troisieme devoit être composé de vingt-deux; ce troisieme intervalle est un peu plus foible que notre tierce majeure, mais la différence devoit être absolument insensible à l'oreille. Enfin dans le genre enharmonique les deux premiers intervalles par lesquels on s'élevoit du grave à l'aigu étoient composés chacun d'un dièse enharmonique ou de trois parties de ton, & le troisieme intervalle étoit composé de deux tons majeurs. Dans chaque genre chaque tétracorde étoit suivi d'un ou de plusieurs autres tétracordes divisés de la même maniere. Les deux premiers étoient toujours conjoints,

le

le second & le troisieme disjoints, &c.

191. Telles sont les idées sur la musique des Grecs que j'ai puisées dans Aristoxène, disciple d'Aristote, qui vivoit par conséquent sous Alexandre le Grand, & sous ses premiers successeurs. Ce Philosophe est le plus ancien des Musiciens Grecs dont les écrits soient parvenus jusqu'à nous. Euclide, qui ne lui est postérieur que de 30 ans environ, n'a composé son introduction harmonique que pour rendre plus intelligibles les ouvrages de cet homme célebre, dont il étoit sectateur. Il est donc certain que les genres tels que nous venons de les décrire, étoient ceux qui étoient pratiqués du temps d'Alexandre le Grand. Mais dès-lors la Musique n'avoit-elle pas dégénéré chez les Grecs ? Si l'on prend les genres collectivement, on trouvera que les Grecs avoient un bien plus grand nombre d'intervalles que nous; mais si l'on prend chaque genre à part, l'enhar-

H h

monique par exemple, on fera très-furpris que ce genre, qui faifoit les délices des anciens Grecs, ait été compofé d'un auffi petit nombre d'intervalles : on fera très furpris de ne trouver dans ce genre ni la dominante tonique, ni la dominante fimple du ton ; & il fera difficile de concevoir qu'on ait pu faire des chants très gracieux dans lefquels il n'étoit pas permis d'employer ces notes. C'eſt ce qui me fait croire que du temps d'Ariſtoxène le genre enharmonique n'étoit plus ce qu'il avoit été autrefois ; la maniere même dont en parle ce Muſicien Grec me confirme dans cette idée. [*mm*]

_____

(*mm*) *Voici ce qu'il en dit* (*Traduction de Meib.* pag. 19, *ou de Gogavinus, page* 15). Tertius (Cantus) & fupremus enarmonius. Ultimo enim iſti vix etiam magno cum labore fenſus adſueſcit. *Reconnoît-on à ces dernieres paroles ce genre qui avoit été interdit dans quelques républiques Grecques, comme étant trop efféminé dans ſes expreſſions ? Reconnoît-on ce genre qu'on prétend avoir été le premier & pendant long-temps le ſeul uſité chez les Grecs ?* (*V. M. Meibomii notas in Ariſtoxenem* , p. 76.)

192. Au reste toutes ces réfléxions ne font pas nécessaires pour nous convaincre que la cinquième octave de notre échelle harmonique est l'échelle même du genre chromatique, & que la sixieme octave est celle du genre enharmonique. Car après le grand nombre de preuves que nous avons données que l'échelle du genre diatonique n'étoit autre que notre quatrieme octave ; le reste paroît s'enfuivre.

193. Les modernes admettent deux demi-tons majeurs dans leur échelle diatonique *mi*, *fa* & *si*, *ut* exprimés l'un & l'autre par $\frac{15}{16}$. Il est clair que chez nous *mi*, *fa* est plus qu'un demi-ton, puisque cet intervale, au lieu d'être $\frac{15}{16}$ est $\frac{10}{11}$. Il n'en est point ainsi de *si*, *ut* : nous exprimons cet intervalle comme les modernes par $\frac{15}{16}$, mais il ne s'enfuit pas de là que nous devions le regarder comme un demi-ton, ainsi qu'ils ont coutume de le faire. Il nous paroît bien plus naturel

de le regarder comme formant un ton, mais le ton le plus foible de la gamme & le plus approchant du demi-ton. Le plus fort de tous les demi-tons sera ut, ut⋇ ou $\frac{16}{17}$, comme le plus fort de tous les tons est ut, re ou $\frac{8}{9}$; & par conséquent le plus petit de tous les demi-tons sera fi⋇, $ut\frac{31}{32}$, intervalle que l'on regarde communément comme constituant le quart de ton enharmonique.

194. Nous pouvons dire la même chose des quarts de tons. Le plus grand ut, ut⋇ doit avoir pour expression $\frac{32}{33}$, & le plus petit fi⋇, ut doit être $\frac{63}{64}$. Ainsi quelque définition qu'on ait donnée d'ailleurs des intervalles qui entrent dans notre échelle, nous croyons pouvoir regarder notre quatrieme octave comme la gamme des tons, la cinquieme comme la gamme des semi-tons, & la sixieme comme la gamme des quarts de tons.

L'échelle diatonique, selon nous, n'est donc composée que de tons, sans même en excepter *si*, *ut*, la chromatique de semi-tons, & l'enharmonique de quarts de ton.

195. Les trois premieres octaves de chaque échelle, l'harmonique & la contr'harmonique, ne sont point composées d'un assez grand nombre de sons pour être d'un usage ordinaire dans la mélodie ; ces octaves ne peuvent servir que d'accompagnement aux suivantes, & faire harmonie. La quatrieme octave de chacune de ces échelles forme le genre diatonique, la cinquieme le chromatique, & la sixieme l'enharmonique. On peut donc considérer deux genres diatoniques, l'un qu'on peut appeller diatonique-harmonique, l'autre diatoni-contr'harmonique, du nom des échelles dont ils sont tirés. Toutes les autres notes de chaque échelle forment un mode en montant ou en descendant par toutes les notes comprises dans l'intervalle de leur oc-

tave. Ainsi on ne doit pas dire le mode d'*ut*, puisque cette note constitue un genre & non pas un mode. Quand on dit le genre diatonique on doit entendre ce que nous avons appellé jusqu'à présent le mode d'$\frac{1}{8}$*ut*, &c. Tous les modes participent à deux genres différens ; les modes, par exemple, de chacune des notes de la quatrieme octave sont en partie dans le genre diatonique, & en partie dans le genre chromatique. On pourroit dire que les échelles de chacun de ces modes forment un genre qu'on pourroit appeller diatoni-chromatique, mais il nous paroît inutile de multiplier les genres, puisqu'alors il n'y auroit plus rien qui les distingueroit des modes.

196. Jusqu'à présent nous avons appellé *tonique* la note principale, soit d'un genre, soit d'un mode. Mais il paroît nécessaire de distinguer la note principale d'un genre d'a-

vec la note principale d'un mode. Nous appellerons donc par la suite *note fondamentale*, ou simplement *fondamentale* la note principale d'un genre, & nous conserverons à celle d'un mode le nom de *tonique*.

197. La tonique est différente dans chaque mode, la fondamentale est la même pour tous les genres ; il n'y a donc dans toute la Musique qu'une seule note qui puisse être prise pour fondamentale, & nous regardons comme une chose démontrée que d'en admettre plusieurs, ce seroit multiplier les moyens pour produire de moindres effets.

198. Puisque tous les modes peuvent être considérés comme appartenans à deux genres différens, dont la fondamentale est la même, il s'ensuit que quoique cette fondamentale ne puisse, dans chaque mode, avoir le même empire que la tonique, elle doit cependant influer en quelque chose sur l'oreille : c'est elle qui, par le rang qu'elle tient dans le mode,

dirige pour ainsi dire ses jugemens ; car l'expérience de M. Tartini (54) nous a appris que l'oreille sent toujours cette fondamentale dans quelque mode que ce soit que l'on exécute, au moins dans les pieces à plusieurs parties. Si l'oreille est toujours remplie de cette fondamentale, elle desire donc toujours de revenir au genre plus parfait que le mode : l'en éloigne-t'on en lui présentant des modes dans lesquels cette fondamentale se fait à peine sentir, alors elle éprouve, suivant l'éloignement, des sentimens de fureur ou de tendresse, de tristesse ou de gaieté. Notre ame alors toute entiere dans notre oreille, devient foible ou emportée, vive ou languissante, suivant les degrés par lesquels on la conduit vers cette fondamentale. [nn]

CHAPITRE

(nn) Je prie le Lecteur de ne pas donner trop d'étendue à ce que je dis ici de l'effet de la fondamentale dans les modes. Les différens rapports que peut avoir la fondamentale avec chacune des toniques dans lesquelles on peut passer, doivent, je crois, causer des impressions différentes,

CHAPITRE QUATORZIEME.

De la Modulation.

199. ON appelle *Modulation* le changement de mode dans une même piece, ou le passage d'un mode à un autre. Ces changemens sont très-fréquens dans nos pieces de Musique : c'est principalement par ces changemens que nos Musiciens cherchent à corriger l'uniformité des modes, & à donner de l'expression à leur chant. La Modulation est assez sensible, il est vrai, quand d'un mode majeur on passe dans un mineur, & réciproquement ; mais quand d'un mode majeur on passe dans un autre mode majeur,

---

férentes ; mais momentanées, quoiqu'assez vives ; & l'on ne peut en espérer d'autres dans la maniere de moduler des modernes ; je pense qu'indépendamment de ce moyen, le caractere propre de chacun de nos modes doit faire sur l'oreille des impressions plus durables, & que c'est principalement de ce caractere propre de chaque mode, qu'un chant doit emprunter son goût ou sa maniere de nous affecter.

I i

ou, d'un mode mineur dans un autre mode mineur, alors on peut dire que le Muficien ne fait qu'élever ou baiffer l'échelle dans laquelle il exécute, d'un ou de plufieurs tons. Si l'intervalle dont cette échelle a été hauffée ou baiffée eft agréable, l'oreille s'appercevra à peine de ce changement, & le Muficien reviendra à fon premier mode, fans que ceux qui l'auront entendus fe foient apperçus, pour la plûpart, qu'il l'avoit quitté. Si cet intervalle au contraire eft dur & défagréable, l'oreille en fera affectée, peut-être même commencera-t'elle par être révoltée; mais fi le Muficien ne revient point promptement à fon premier mode, ou paffe dans un troifieme analogue au fecond, l'oreille oubliera bien-tôt ce premier mode dont elle avoit été préoccupée d'abord, & le Muficien fera obligé d'ufer de ménagemens pour y revenir fans caufer de furprife.

200. Il faut donc convenir que ces chan-

gemens de tonique peuvent donner à un chant quelqu'expreſſion qu'il n'auroit point eu ſi l'on eût toujours gardé le même ton ; mais il faut convenir auſſi que l'on n'eſt pas très-riche quand on n'a pas d'autres avantages. Pour nous, nous preſentons trop de moyens au Muſicien de donner de l'expreſſion à ſon chant, pour ne point l'exhorter à ménager cette reſſource ; mais nous en connoiſſons auſſi trop l'importance pour la lui interdire. La modulation, dans le ſyſtême que nous propoſons, doit avoir beaucoup plus d'effet qu'on ne lui en a remarqué juſqu'à préſent: non-ſeulement cet effet ſera ſenſible d'abord, mais il durera autant que le nouveau mode, puiſque tous nos modes ont chacun quelque choſe qui leur eſt propre.

201. Si l'on demande quelles ſont les loix que tout Muſicien doit ſe preſcrire pour moduler dans les modes que nous avons propoſés, nous répondons qu'il ne doit s'en preſ-

crire aucune en général, ou s'il doit en suivre quelqu'une, il ne doit les recevoir que du sujet qu'il veut traiter. Semblable à l'orateur, le Musicien doit être parfaitement libre; lui donner des préceptes, c'est mettre son génie dans des entraves, c'est l'obliger à ramper, c'est l'empêcher de prendre un essort souvent heureux. Que le Musicien mette d'abord toute son application à se rendre familier le caractere propre à chaque mode, de maniere qu'en entrant dans un endroit où l'on fait de la Musique, son oreille lui dise tout de suite dans quel mode on exécute; que dans la composition il mette en jeu tous les ressorts de son imagination pour se représenter son sujet; qu'il en soit pénétré; qu'il fasse ensuite tout ce qui lui plaira; s'il a un peu de génie, nous lui répondons qu'il fera des merveilles. (oo) Cependant nous croyons

_____

(oo) *On peut voir par la belle critique qu'à faite M. Rousseau du celebre Monologue d'Armide, combien nos grands Maîtres doivent faire peu de cas pour eux-mêmes, des préceptes de modulation qu'ils ont coutume de donner à leurs éleves.*

devoir faire quelques réfléxions générales fur la modulation ; ces réfléxions nous paroiffent affez intéreffantes pour trouver ici leur place.

202. Il eft démontré pour nous, par l'expérience de M. Tartini (54), que dans quelque mode que l'on foit, la fondamentale du genre dans lequel eft la tonique, ou même la fondamentale de l'échelle, fe fait fentir à une oreille tant foit peu éxercée, pourvu que l'on éxécute avec accompagnement. Mais ne peut-on pas préfumer que la même chofe arrive dans la mélodie, ou lorfqu'il n'y a point d'accompagnement ? J'avoue qu'on ne pourroit le prouver directement par aucune expérience ; mais fi la fuite des fons de notre échelle eft produite par la fondamentale, comme je crois qu'il n'y a plus lieu d'en douter, ne pourroit-on pas croire auffi que ces fons entendus de fuite reproduifent cette fondamentale, comme il eft certain qu'ils la reproduifent entendus deux à deux ? Ce qui

peut confirmer cette présomption, c'est qu'il n'y a pas de Musicien qui n'ait éprouvé qu'il sentoit très-bien, & qu'il avoit même de la peine à détourner de son esprit la basse d'un chant qui lui paroissoit bien fait. La mélodie seule fait donc souvent pour nous l'effet de l'harmonie. M. Rameau paroît, dans tous ses écrits, en avoir été convaincu. Or si un chant bien fait nous fait sentir sa basse, quoique chanté sans accompagnement, à plus forte raison doit-on croire qu'il fera sentir la note fondamentale. Car puisque cette basse fait sur nous à peu près le même effet qu'elle feroit si nous l'entendions, il s'ensuit qu'elle doit nous rendre sensible le troisieme son produit dans l'expérience de M. Tartini. Il est vrai que ce troisieme son ou cette note fondamentale sera assez souvent incertaine dans un commencement, & peut-être même dans tout le cours d'une piece. Qu'un chant, par exemple, commence par ces notes *sol*, *si*, *re*, il

sur la Théorie de la Musique.

me paroît certain que l'oreille décidera d'abord que la fondamentale sera *sol* & non pas *ut* ; l'accompagnement, s'il y en a, favorisera encore ce préjugé : mais quand, dans la suite de la pièce, on entendra *ut*, $\overset{\frac{1}{16}}{mi}$, $\overset{\frac{1}{20}}{la}$, &c. $^{\frac{1}{16}}$ toutes notes qui ne peuvent point se trouver dans l'échelle harmonique de *sol* : quand le chant montera ou descendra par intervalles diatoniques ou chromatiques, je crois qu'alors l'oreille sera surprise ; la fondamentale qu'elle aura déterminée d'abord lui deviendra pour le moins incertaine ; & c'est par-là principalement que la tonique, qui dans toute la piece sera constamment décidée, aura plus d'empire sur l'oreille que la fondamentale ; mais cela n'empêchera pas que la fondamentale ne fasse aussi quelqu'impression, & c'est ce qui sera bien établi, si de quelque mode que ce soit on peut passer d'une manière très-agréable pour l'oreille au genre dans lequel est la tonique.

203. Il nous paroît donc néceſſaire d'étudier non-ſeulement le caractere propre à chaque mode pris ſéparément ou d'une maniere iſolée, mais encore de s'appliquer à connoître leurs effets quand ils ſe ſuccedent, ou quand ils ſont comparés entr'eux. Tel mode paroîtra très-brillant s'il eſt précédé d'un certain mode, & le paroîtroit moins s'il étoit précédé d'un autre. Ce qui, je crois, ne pourra être attribué qu'à la fondamentale, qui ſe fera ſentir dans le nouveau mode plus ou moins que dans le précédent.

204. Les modes peuvent être regardés comme analogues entr'eux lorſque les toniques forment un intervalle conſonnant, ou quand il ſe trouve dans leurs échelles pluſieurs intervalles ſemblables: car plus les toniques formeront un intervalle conſonnant, & plus il ſe trouvera d'intervalles ſemblables dans les deux échelles. Par exemple, l'intervalle le plus conſonnant eſt ſans doute l'octave, & tous les

les intervalles du genre diatonique se retrouvent exactement dans le genre chromatique. Ainsi ces genres, le diatonique & le chromatique, sont très-analogues entr'eux. On peut donc passer du diatonique au chromatique, sans que ce passage fasse sur l'oreille une impression très-vive. *Les Grecs*, (dit M. de Montucla) *changeoient dans une même piece de genre, en passant du diatonique au chromatique, à l'enharmonique, &c.* Après le genre chromatique, le mode le plus analogue au genre diatonique est le mode de *sol*, parce qu'après l'intervalle d'octave, celui de quinte est le plus consonnant. On retrouve effectivement dans le mode de *sol* les principaux intervalles du mode d'*ut*. La quinte *sol*, *re* $\frac{2}{3}$, la tierce majeure *sol*, *si* $\frac{4}{5}$, la sixte *sol*, *mi* $\frac{3}{5}$, la tierce mineure *si*, *re* $\frac{5}{6}$, &c. sont tous intervalles qui se retrouvent dans le genre diatonique, & qui en sont les principaux. Après le mode de *sol* le plus analogue au genre dia-

K k

tonique est le mode de *mi*, ensuite le mode de *za*, les autres modes ne paroissent avoir aucune analogie avec *ut*, & par-là même ils me paroissent plus propres à certaines expressions.

205. D'*ut* on peut donc passer en *sol* ou en *mi*, mais moins naturellement, ou en *za*, mais moins naturellement encore; & de chacun de ces trois modes on peut revenir à la fondamentale ou au genre. Voilà tout ce que je crois pouvoir dire assez légitimement sur la modulation. Ne connoissant pas le caractere propre à chacun des modes que je propose, (*pp*) je ne puis rien dire de bien certain sur leur analogie. C'est une question que l'oreille seule peut décider, & il me paroît

---

(*pp*) *Tout ce que l'on peut dire pour le présent de ce qui est propre à chacun de ces modes, c'est que plus une octave sera divisée en petites parties, ou plus le nombre de notes contenues dans l'échelle d'un mode sera grand, plus ce mode aura de douceur, plus son caractere sera tendre.*

inutile d'anticiper fur fes jugemens. Je conjecture, par exemple, que l'on cauferoit moins de furprife en paffant du mode de *fol* au mode de *mi* ou au mode de *za*, qu'en paffant au mode de *fi* ou au mode de *re*, parce que les deux premiers font moins éloignés de la fondamentale, ont plus d'analogie avec elle que n'en peuvent avoir les deux feconds, &c. Quoiqu'il en foit, cette queftion pour le préfent n'eft pas très-importante, & vraifemblablement on aura fur la modulation des connoiffances plus certaines que celles que j'en pourrois donner aujourd'hui, auffi-tôt que l'on fera en état d'en faire ufage.

206. Je ne crois pas qu'il puiffe jamais être permis d'entremêler dans un chant les fons de l'échelle harmonique avec les fons de l'échelle contr'-harmonique. Mais après avoir commencé un chant dans le genre diatonique-harmonique, peut-être pourroit-on le continuer dans le genre diatoni-contr'-harmonique & réci-

proquement. Suppofez que l'on ait accordé deux octaves de claveffin de maniere que la plus aiguë rende les fons de la quatrieme octave de notre échelle harmonique, & l'autre les fons de la quatrieme octave de l'échelle contr'-harmonique, en forte que l'*ut* du milieu appartienne à l'une & à l'autre octave, les fons de ces deux octaves pourront être reprefentés par la table fuivante,

$\frac{16}{64}, \frac{15}{64}, \frac{14}{64}, \frac{13}{64}, \frac{12}{64}, \frac{11}{64}, \frac{10}{64}, \frac{9}{64}, \frac{8}{64}$ ou $\frac{1}{8}$,
ut, *not*, *re*, *mi*, *fa*, *fol*, *la*, *fi*, *ut*,

$\frac{1}{9}, \frac{1}{10}, \frac{1}{11}, \frac{1}{12}, \frac{1}{13}, \frac{1}{14}, \frac{1}{15}, \frac{1}{16}$,
re, *mi*, *fa*, *fol*, *la*, *za*, *fi*, *ut*,

Sur un pareil inftrument on voit qu'il feroit aifé de paffer du genre diatonique-harmonique au genre diatoni-contr'-harmonique; mais alors la partie chantante feroit la plus baffe des parties. Les inftrumens qui ne fervoient qu'à accompagner feroient obligés de rendre le fujet, & ceux qui rendoient le fujet ne ferviroient plus qu'à l'accompagnement. Mais je foupçonne que ce paffage doit si horriblement contraster, que j'aimerois mieux n'en faire jamais usage. S'il ne doit y avoir que très-peu d'occasions où il soit permis de composer une piece entiere dans l'échelle contr'-harmonique (86), il doit y en avoir beaucoup moins de passer de l'échelle harmonique dans la contr'-harmonique.

207. Si du genre diatonique on peut passer dans le genre diatoni-contr'-harmonique, il est clair que de ce dernier genre il doit être permis de moduler en $\overset{12}{fa}$, ou en $\overset{10}{la}$, ou en $\overset{15}{re}$, &c. puisqu'il est sensible que ces trois modes sont aussi analogues au genre diatoni-contr'-harmonique, que les trois modes *sol*, *mi*, *za* sont analogues au genre diatonique-harmonique.

CHAPITRE QUINZIEME.

Des Consonnances & des Dissonnances.

208. Deux sons entendus ensemble forment un accord; si cet accord plaît à l'oreille, les sons dont il est formé forment une *consonnance*, parce qu'un accord ne paroît agréable qu'autant que les sons dont il est composé semblent se confondre pour n'en laisser distinguer qu'un seul.

209. Si cet accord déplaît à l'oreille, on dit que les sons qui le composent font une *dissonnance*, parce que ces sons ne se confondent point du tout, & qu'ils sont l'un & l'autre entendus distinctement.

210. Il est clair, après les raisons de ces définitions, que tous les sons de notre échelle harmonique, quelque prolongée qu'on la suppose, doivent former autant de consonnances avec la fondamentale : car puisque cette fon-

damentale les produit tous, ils font donc tous confondus avec elle quand elle réfonne, & la foibleſſe de notre oreille nous empêche ſeule de les diſtinguer.

211. Il eſt également clair que tous les ſons de l'échélle contr'-harmonique doivent former des diſſonnances avec la fondamentale, puiſque nous avons prouvé (82) qu'il eſt impoſſible qu'aucun de ces ſons ſe trouve jamais dans l'échelle harmonique, quelque prolongée qu'on la ſuppoſe, & par conſéquent qu'il ſe confonde avec la fondamentale.

212. » L'octave d'un ſon eſt la plus parfaite » des conſonnances que ce ſon puiſſe avoir, » enſuite la quinte, puis la tierce majeure, &c. » c'eſt un fait d'expérience «. (*Elém. de Muſ. Th. & Prat. ch. v.*) Que l'on conſidere les premiers intervalles de notre échelle harmonique, ceux dont le ſon le plus grave eſt ou la fondamentale, ou l'une de ſes octaves, l'on trouvera d'abord une octave ut, ut, la plus par-

faite des consonnances ; ensuite une quinte ut; sol, $\frac{1}{2}$ $\frac{1}{3}$ la plus parfaite des consonnances après l'octave, ensuite une tierce majeure ut; $\frac{1}{4}$ mi, $\frac{1}{5}$ consonnance, disent les modernes, la plus parfaite après la quinte : ce qui doit commencer à nous faire soupçonner que si chaque note de notre échelle harmonique forme des intervalles consonnans avec la fondamentale (210), les plus consonnans de ces intervalles sont ceux qui se présentent les premiers, de maniere que ceux qui viennent ensuite sont toujours d'autant plus durs qu'ils s'éloignent davantage. Mais pourquoi l'intervalle de quarte sol, ut, $\frac{1}{3}$ $\frac{1}{4}$ qui se trouve avant l'intervalle ut, mi $\frac{1}{4}$ $\frac{1}{5}$ ne formeroit-il point un intervalle au moins aussi consonnant que ce dernier ? Ou pourquoi faudroit-il que la fondamentale fût toujours le son le plus grave d'un intervalle consonnant ? Il me paroît tout-à-fait tout-à-fait contradictoire de dire que l'intervalle de quinte $\frac{1}{2}$ut, $\frac{1}{3}$sol forme une consonnance très-agréable, parce que ces deux sons $\frac{1}{2}$ut, $\frac{1}{3}$sol se confondent aisément, & que l'intervalle de quarte $\frac{1}{3}$sol, $\frac{1}{4}$ut forme une dissonnance. En effet, si le son $\frac{1}{3}$sol se confond avec $\frac{1}{2}$ut, il se confond certainement aussi avec $\frac{1}{4}$ut; il faut donc convenir que cet intervalle $\frac{1}{3}$sol, $\frac{1}{4}$ut est le plus consonnant après l'intervalle de quinte. J'en atteste d'ailleurs tous les Musiciens; si les intervalles les plus consonnans sont aussi les plus faciles à rendre pour la voix, n'est-ce point avec une facilité extrême qu'ils rendent cet intervalle? Mais reprenons cette question d'un peu plus haut, elle mérite d'être discutée plus amplement.

213. Chez les modernes la note la plus grave d'un accord est toujours censée la fon-

damentale de l'accord ; par conséquent ils ne peuvent diftinguer comme nous des confonnances au-deffus & des confonnances au-deffous de la fondamentale. Ils doivent donc rejetter comme diffonnance toute note qui fait au-deffus de la fondamentale un accord qui déplaît à l'oreille. La quarte *au-deffus de la tonique* $\overset{1}{ut}$, $\overset{\frac{3}{4}}{fa}$, doit donc être pour eux une vraie diffonnance, parce que *ut* étant fondamentale, la quarte au-deffus fait avec cet *ut* un accord très-défagréable, & qui ne fe confond point du tout (211). De même *fol*, *ut*, qui forme un intervalle de quarte tout femblable à *ut*, *fa*, intervalle exprimé de même par $\frac{3}{4}$, doit être également rejetté parmi les diffonnances, puifque *fol* étant alors cenfée fondamentale, *ut* doit être confidéré comme l'une des notes de l'échelle contr'-harmonique de *fol* adaptée à fon échelle harmonique.

214. Les modernes ont donc raifon de regarder la quarte en général comme diffon-

nance, puisqu'ils reconnoissent autant d'échelles que de notes, & que le son le plus grave de l'accord est toujours regardé par eux comme fondamentale (*qq*). Pour nous qui ne reconnoissons qu'une seule fondamentale *ut*, c'est à cette seule note que nous devons rapporter nos consonnances & nos dissonnances, soit que la note qui fait consonnance soit la plus grave ou la plus aiguë de l'accord.

(*qq*) *Plusieurs Musiciens regardent aujourd'hui la quarte comme une consonnance plus parfaite que la tierce.* Voyez dans l'Encyclopédie l'article Consonnance, le Traité des accords de M. l'Abbé Roussier, &c. *Mais ces Musiciens ne distinguent pas la quarte au-dessus du ton de la quarte au-dessous, ce que je crois absolument nécessaire de faire. Les Grecs n'étoient pas beaucoup plus d'accords entr'eux que ne le sont les modernes sur les consonnances. Aristoxène, outre la quarte, la quinte & l'octave qu'on regardoit avant lui comme les seules consonnances, imagina encore d'admettre au rang des consonnances les repliques de ces intervalles, ou la onziéme, la douziéme, la double octave.* (Aristoxeni Harm. élém. libro, 2°. pag. 45, apud Meibomium.) *Euclide paroît avoir admis encore un bien plus grand nombre de consonnances.* (Euclid. Introd. Harm. pag. 8, apud Meibomium.) *Quoiqu'il en soit, j'aimerois mieux regarder la quarte en général comme une dissonnance, que d'admettre pour consonnance la quarte au-dessus du ton.*

Ainsi nous rejettons comme dissonnance la quinte & la tierce majeure juste au-dessous de cette fondamentale, (211) quoique les modernes ayent regardé les intervalles *fa ut* & *lab ut* comme consonnances, parce que *ut* est toujours pour nous la fondamentale de ces deux accords *fa ut* & *lab ut*; au lieu que chez les modernes *fa* est la fondamentale du premier, & *lab* du second. Mais aussi nous admettons comme consonnance la quarte *sol ut* au-dessous de la fondamentale, intervalle qu'ils rejettent pour la plûpart, & nous regardons même cette consonnance comme la plus parfaite après la quinte.

215. Nous avons donc déja trois consonnances, savoir, l'octave *ut*, $\overset{\frac{1}{2}}{ut}$, la quinte $\overset{1}{ut}$, $\overset{\frac{1}{3}}{sol}$, la quarte $\overset{\frac{1}{3}}{sol}$, $\overset{\frac{1}{4}}{ut}$. La plus parfaite ensuite, de l'aveu de tout le monde, est la tierce majeure $\overset{\frac{1}{4}}{ut}$, $\overset{\frac{1}{5}}{mi}$, ensuite & par les mêmes raisons viendra la sixte mineure $\overset{\frac{1}{5}}{mi}$, $\overset{\frac{1}{8}}{ut}$ expri-

mée par $\frac{1}{5}$, puis la tierce mineure $\overset{\frac{1}{5}}{mi}$, $\overset{\frac{1}{6}}{fol} \frac{5}{6}$, & enfin la fixte majeure $\overset{\frac{1}{3}}{fol}$, $\overset{\frac{1}{5}}{mi} \frac{3}{5}$. Si la note $\overset{\frac{1}{3}}{fol}$ étoit regardée comme la fondamentale de ce dernier accord, il est certain que cet accord ne seroit point très-agréable. Mais comme, par l'expérience de M. Tartini, on sait que ces deux sons *fol*, *mi* font résonner le son *ut*, l'oreille ne peut regarder *fol* comme fondamentale, si elle n'y est déterminée d'ailleurs, ce qui ne doit point être dans l'échelle d'*ut*. Donc dans cette échelle l'intervalle de sixte *fol*, *mi* $\frac{3}{5}$ composé de la quarte au-dessous, & de la tierce majeure au-dessus de la fondamentale, forme la consonnance la plus agréable après celle de tierce mineure.

216. Ainsi de quelque maniere que les trois sons *ut*, *fol*, *mi* soient combinés ensemble deux à deux, ils forment des consonnances auxquelles il faut ajouter l'octave de la fondamentale, qui forme avec elle la plus

parfaite des consonnances; mais il ne doit point être permis d'ajouter de même les octaves des deux autres sons *mi* & *sol*, parce que ces octaves indiqueroient une autre échelle, une autre fondamentale qu'*ut*, à moins que cet *ut* ne résonnât en même-temps, & ne fût plus grave que ces octaves.

217. Ces trois notes *ut*, *mi*, *sol* sont suivies dans notre échelle de la note $\overset{\frac{1}{7}}{z a}$; mais cette note $\overset{\frac{1}{7}}{z a}$ commence à être assez éloignée de la fondamentale $\overset{1}{ut}$ pour ne pas se confondre aussi parfaitement avec elle que les premieres: elle doit donc encore moins se confondre avec ses octaves & avec ses autres harmoniques. Ainsi nous distinguerons les consonnances dans lesquelles cette note $\overset{\frac{1}{7}}{z a}$ ou les suivantes pourront se trouver, d'avec les premieres, dont nous venons de parler. Ces premieres nous les appellerons consonnances prochaines, les autres nous les appellerons consonnances éloignées. Nous n'admettons

donc que sept consonnances prochaines, & une infinité de consonnances éloignées. De même que les premieres des consonnances prochaines sont les plus parfaites, ou celles qui se confondent davantage ; de même celles des consonnances éloignées qui se présentent d'abord, sont aussi les plus parfaites de ces consonnances éloignées. Ainsi *ut za, mi za, sol za, za ut, ut re, re mi*, &c. (rr) sont les consonnances les plus parfaites des consonnances éloignées.

218. Nos sept consonnances prochaines sont $\frac{1}{2}, \frac{2}{3}, \frac{3}{4}, \frac{4}{5}, \frac{5}{8}, \frac{5}{6}, \frac{3}{5}$, lesquelles sont réduites dans les bornes d'une octave. Nous ne parlons pas de la douzieme, ni de la dix-septieme majeure, ni de l'octave doublée, triplée, &c. conson-

―――――――――――――

(rr) *Si dans l'échelle d'ut, mi za & sol za forment des consonnances plus prochaines que mi si & sol si, cela paroît prouver, comme nous l'avons conjecturé* (208), *que le mode de za est plus analogue au mode de mi & de sol que le mode de si. On ne peut même s'empêcher de regarder cette conjecture comme bien fondée, si dans l'échelle d'ut on admet la quarte sol ut au rang des consonnances prochaines ; car il s'ensuit de-là que le mode d'ut, dans cette échelle, doit être plus analogue au mode de sol que le mode de* re, *&c.*

nances les plus parfaites sans doute après l'octave, mais dont nous croyons inutile de faire mention, & parce qu'elles forment des intervalles trop considérables, & parce que d'ailleurs elles nous paroissent suffisamment représentées par l'octave $\frac{1}{2}$, par la quinte $\frac{2}{3}$ & la tierce majeure $\frac{4}{5}$. Enfin toutes les autres notes qui peuvent se trouver dans la même échelle, nous les regardons comme formant des consonnances éloignées, soit entr'elles, soit avec la fondamentale.

219. Si l'on multiplie par l'un des termes de la progression géométrique double les deux termes de chaque intervalle qui forment une consonnance prochaine, les produits formeront aussi des consonnances prochaines dans l'échelle d'*ut* ; mais si l'on multiplie les deux termes de chaque intervalle par tout autre terme que ceux qui se trouvent dans la progression double, les produits pourront encore être regardés comme formant des consonnances

sonnances prochaines, mais dans une autre échelle que dans celle d'*ut*. Ces consonnances seront donc des consonnances éloignées pour l'échelle d'*ut*. Ainsi tout intervalle pris dans l'échelle d'*ut*, à quelque degré que ce soit, & dans lequel il entrera d'autres sons que les trois sons *ut*, *sol*, *mi*, sera une consonnance éloignée. Tout intervalle qui ne sera composé que de deux de ces trois sons, *ut*, *sol*, *mi*, sera une consonnance prochaine, pourvu que l'on ne prenne pas *sol* & son octave, *mi* & son octave. On voit donc que lorsqu'on dit que la quinte & la tierce majeure sont deux consonnances prochaines, cela n'est pas vrai de toute quinte ou de toute tierce majeure qui peut se rencontrer dans une gamme, mais cela est vrai seulement lorsque la fondamentale est le son le plus grave de ces intervalles. On doit dire la même chose des autres consonnances prochaines. La quarte, pour être réputée telle, doit avoir, ainsi que la fixte mineure, la fondamentale même pour son le plus aigu ; la tierce mineure doit être formée de la tierce majeure & de la quinte au-deſſus de la fondamentale ; la fixte majeure enfin doit avoir la quinte au-deſſus de la fondamentale, ou la quarte au-deſſous pour son le plus grave. Tant que les Muſiciens ne feront pas toutes ces diſtinctions, nous croyons pouvoir aſſurer qu'ils ne s'entendront point lorſqu'ils parleront des conſonnances.

220. Nous reconnoiſſons donc deux eſpéces de conſonnances, mais nous n'admettons qu'une ſeule eſpéce de diſſonnance. En général tout intervalle dans lequel l'un des deux ſons ne peut jamais appartenir à l'échelle harmonique, quelque prolongée qu'on la ſuppoſe, forme un intervalle diſſonnant. Il peut donc y avoir une infinité de diſſonnances, comme il peut y avoir une infinité de conſonnances éloignées. Mais toutes les diſſonnances font, je crois, ſemblables entr'elles

sur la Théorie de la Musique. 275

pour leur effet, au lieu que parmi les consonnances éloignées il y a des intervalles plus ou moins consonnans. Au reste je conviens que toutes ces distinctions ne sont guere bonnes que dans la théorie, & que dans la pratique l'effet des consonnances éloignées ne paroîtra pas différer de l'effet des dissonnances.

221. Les consonnances éloignées ne sont telles que par la suppression de certains sons intermédiaires entr'eux & la fondamentale. Les sons $\overset{\frac{1}{9}}{re}$ & $\overset{\frac{1}{15}}{fi}$ peuvent se confondre, par exemple, d'une maniere très-sensible avec la fondamentale $\overset{1}{ut}$, si à la résonnance du son $\overset{1}{ut}$ & de ses octaves on ajoute celle du son $\overset{\frac{1}{3}}{sol}$ accordé avec la plus grande précision à la douzieme au-dessus d'$\overset{1}{ut}$; car alors il est certain que les sons $\overset{1}{ut}$ & $\overset{\frac{1}{3}}{sol}$ se confondront. Les harmoniques de *sol*, savoir, *re*, *fi*, qui seront

confondus avec *sol*, le seront donc auffi avec *ut*. Ainfi les fons $\overset{\frac{1}{9}}{re}$, $\overset{\frac{1}{15}}{fi}$ qui feroient confonnances éloignées entendus feuls avec $\overset{1}{ut}$, deviendront confonnances prochaines, fi à cet accord $\overset{1}{ut}$, $\overset{\frac{1}{9}}{re}$, $\overset{\frac{1}{15}}{fi}$, on ajoute le terme intermédiaire $\overset{\frac{1}{3}}{fol}$, & quelques octaves d'*ut*.

222. Une expérience raportée par M. Rameau, *Gener. harmoniq.* pag. 13, peut fervir à confirmer & même à démontrer pour bien des Muficiens, non-feulement ce que nous venons de dire fur les confonnances, mais encore tout ce que nous avons avancé jufqu'à préfent. »Prenez les jeux de l'orgue »qu'on appelle *bourdon*, preftant ou flûte, »nazard & tierce qui forment entr'eux l'oc- »tave, la douzieme & la dix-feptieme ma- »jeure du bourdon, en rapport de $1, \frac{1}{2}, \frac{1}{3}$, »$\frac{1}{5}$. Enfoncez une touche pendant que le feul »bourdon réfonne, & tirez fucceffivement

» chacun des autres jeux, vous entendrez leur
» son se mêler successivement les uns avec les
» autres, vous pourrez même les distinguer
» les uns des autres pendant qu'ils seront en-
» semble. Mais si, pour vous distraire, vous
» préludez un moment sur le même clavier
» pendant que tous ces jeux résonnent en-
» semble, & que vous reveniez ensuite à la
» seule touche d'auparavant, vous ne croirez
» plus y distinguer qu'un seul son, qui sera
» celui du bourdon le plus grave de tous, le
» fondamental, celui qui répond au son du
» corps total, &c. Cette expérience, qu'on
peut varier comme on veut, nous paroît
d'autant plus importante, qu'il n'est pas nécessaire pour la faire d'avoir l'oreille très-éxer-
cée. Faites accorder, par exemple, seize
jeux de l'orgue, de maniere qu'ils représen-
tent les seize premiers sons de notre échelle,
enfoncez une touche du clavier, tous ces jeux
étant tirés, vous ne devez entendre qu'un

seul son, & ce sera le plus grave de tous qui paroîtra seulement plus fort, plus plein que s'il n'y avoit qu'un seul jeu de tiré. Donc tous les sons de notre échelle forment autant de consonnances avec *ut*, puisque tous ces sons se confondent avec *ut*.

223. Pour vous assurer que cette unité de son n'est point occasionnée par la multiplicité des jeux qui résonnent ensemble, faites rendre au jeu qui fait entendre $\overset{\frac{1}{11}}{fa}$ un son plus bas qui soit $\overset{\frac{1}{10\frac{2}{3}}}{fa}$ ou $\frac{3}{32}$, tel qu'il est dans l'échelle des modernes, alors ce $\overset{\frac{3}{32}}{fa}$ ne se confondra plus avec les autres, & pour peu que vous ayez d'oreille, vous entendrez deux sons dont l'union vous paroîtra désagréable.

224. Si cette expérience, qu'on peut varier de plusieurs autres manieres réussit, comme j'ai lieu de l'espérer, elle formera la preuve la plus complette de tout ce que j'ai avancé dans tout le cours de cet ouvrage. Mais je

desirerois très-fort savoir ce qui arriveroit si, pendant que tous ces jeux résonnent ensemble, on enfonçoit subitement les deux regiftres qui rendent les sons les plus graves $\overset{1}{ut}$, & son octave $\overset{\frac{1}{2}}{ut}$. L'oreille fortement affectée du son $\overset{1}{ut}$ ne croiroit-elle pas toujours l'entendre? Tous les autres sons ne le reproduiroient-ils pas comme dans l'expérience de M. Tartini? Ou bien tous les sons se confondroient-ils avec $\overset{\frac{1}{3}}{sol}$, comme ils se confondoient avec $\overset{1}{ut}$? Ou bien distinguera-t'on alors tous les sons qui ne forment point des consonnances prochaines avec $\overset{\frac{1}{3}}{sol}$? Quoiqu'il en soit, le résultat de cette expérience ne pourroit que jetter un grand jour sur nos recherches.

CHAPITRE SEIZIEME.

De la Mesure.

225. C'Eſt de la Meſure que la Muſique Françoiſe emprunte ſes principaux agrémens : c'eſt d'elle ordinairement encore plus que de *l'entrelaſſement des modes* que l'on fait dépendre le caractere d'une piece. Auſſi la meſure eſt-elle très-diverſifiée ; quelquefois elle eſt très-vive, ſouvent elle eſt très-lente, quelquefois elle eſt aſſez marquée, d'autres fois elle ſe laiſſe à peine ſentir.

226. Les Italiens ſemblent emprunter le caractere de leurs airs moins de la vîteſſe ou de la lenteur de la meſure, que de la force ou de la foibleſſe des ſons. Cependant la meſure chez eux eſt aſſez éxactement obſervée, quoique d'ailleurs elle ne ſoit point battue, au lieu que les François, qui ſemblent avoir plus de beſoin de cette éxactitude que les Italiens,

Italiens, & qui la battent toujours fortement, la sacrifient continuellement à ce qu'ils appellent des agrémens.

227. La mesure est depuis très-long-temps pour moi un problême inquiétant. Je ne puis me dissimuler que la mesure est essentielle à la Musique, puisque j'ai constamment observé qu'une piece exécutée en mesure par une voix seule me faisoit beaucoup plus de plaisir que la même piece chantée par une plus belle voix, mais sans aucune mesure. Par conséquent je ne puis croire ce que pensent plusieurs Musiciens, que la mesure n'est qu'un *rendez-vous* que les Musiciens se donnent, afin de ne pouvoir pas s'écarter quand ils exécutent ensemble. (ss) Si cela étoit, toute

---

(ss) *Il faut avouer que dans la plûpart de nos pieces françoises, la mesure est si peu sensible, que les Musiciens s'en écarteroient continuellement s'ils ne consultoient que l'oreille. Presque tous, pour aller en mesure, n'ont besoin que de leurs yeux; ils ne la reconnoissent que par les lignes verticales qu'ils trouvent sur leurs portées, ce qui exige d'eux une contention d'esprit singuliere. En ce sens, on peut bien dire que la mesure n'est qu'un rendez-vous.*

mesure qui diviseroit une piece éxactement, pourroit convenir à cette piece. Mais tout chant a une mesure propre, & qui seule lui convient. La preuve en est bien simple. Qu'un Musicien entre dans une Eglise dans laquelle on exécute un Motet, quoiqu'il soit trop éloigné du chœur pour entendre les battemens, ou pour voir les démonstrations de ceux qui exécutent, cependant dès son arrivée il sentira le mouvement de la piece déja commencée ; & si cette piece est bien faite, il n'en manquera pas une mesure. Voyez danser au son d'un chalumeau champêtre cette troupe de jeunes paysannes, jamais elles n'ont entendu parler ni de mesure, ni de musique ; cependant n'admirez-vous point avec quelle précision elles mesurent leurs pas ? Ne reconnoissez-vous pas sur leur visage & dans toutes leurs inflexions tous les mouvemens de l'air rustique que vous entendez ? Il doit donc y avoir un art dont le compositeur suit les loix pour faire sentir le mouvement de sa piece. Mais cet art, quel est-il ? Quelles en sont les loix ? C'est ce qu'envain j'ai demandé à la plûpart des Musiciens compositeurs de ma connoissance ; tous m'ont cité l'oreille, & je n'en ai rien pu savoir davantage.

228. Peut-être n'ai-je point été plus heureux en recherchant l'origine du sentiment de la mesure, & dans notre échelle harmonique, & dans les différentes expériences que nous avons déja vues. Cependant quelques soient les idées que cette échelle me présente, je ne crains point de les exposer ; si elles ne sont point justes, elles ne peuvent induire personne en erreur ; si elles sont justes, je crois qu'elles pourront être utiles.

229. Notons par une ronde O la premiere note de notre échelle harmonique *ut* ; notons par des blanches les notes de la seconde octave *ut*, $\frac{1}{2}$ *sol*, $\frac{1}{3}$ par des noires celles de la troisieme octave, par des croches celles de la

quatrieme, &c. Si ces quatre octaves ainsi notées sont rendues par quatre instrumens avec toute l'éxactitude possible, soit pour la justesse, soit pour la durée, soit pour la force des sons, on entendra l'harmonie la plus complette; peut-être même n'entendra-t'on qu'un seul son, mais dans lequel on sentira des inflexions; c'est-à-dire que ce seul son, si l'on n'entend que lui, paroîtra tantôt plus fort, tantôt plus foible.

230. Il n'est pas douteux que ce chant, ainsi noté, formera une mesure à quatre temps, dont voici la division : *ut, re mi, fa sol, la za, si*. Le premier temps est composé de la derniere & de la premiere note de la même octave, les autres temps sont composés de notes qui se suivent. Il est certain que tous les temps de cette mesure seront très-sensibles. 1º. La premiere note de chaque temps est note de passage, la seconde est note principale. L'oreille sentira donc chaque note principale, & par conséquent

distinguera très-bien les temps. 2°. L'accompagnement doit encore faire mieux distinguer chacun de ces temps ; car si l'on n'entend qu'un seul son, on le sentira tantôt plus fort, tantôt plus foible, comme nous l'avons dit (229). Or ces inflexions seront la marque de chaque temps ; donc les temps de cette mesure seront marqués, & par les notes mêmes de cette mesure, & par l'accompagnement qui se fera entendre en même-temps. Le premier temps, celui qui doit être le mieux marqué, sera accompagné de la fondamentale & de ses deux octaves, c'est-à-dire de la fondamentale sans aucune altération. Dans le second temps, l'impression de la fondamentale diminuera, l'accompagnement n'étant plus composé que de ut, de $ut^{\frac{1}{2}}$, & de $mi^{\frac{1}{5}}$. Cette impression diminuera encore dans le troisième temps, puisque l'accompagnement ne sera que ut^{1}, $sol^{\frac{1}{3}}$, $sol^{\frac{1}{6}}$. Ces deux notes *sol* à l'octave doivent rendre pour ainsi dire la fondamentale douteuse, l'oreille sera tentée de juger que le chant aura été porté du genre au mode de $\overset{\frac{1}{5}}{sol}$. Ce temps sera donc le plus sensible après le précédent. Enfin le quatrieme temps doit avoir l'accompagnement le plus foible de tous, quoique cet accompagnement $\overset{1}{ut}$, $\overset{\frac{1}{3}}{sol}$, $\overset{\frac{1}{7}}{za}$ éloigne moins de la fondamentale que le premier ; car cet accompagnement $\overset{\frac{1}{3}}{sol}$, $\overset{\frac{1}{7}}{za}$ rappelle encore la fondamentale *ut* qui résonne déja ; au lieu que dans l'accompagnement précédent les deux *sol* à l'octave rappellent une autre fondamentale $\overset{\frac{2}{3}}{sol}$. (*tt*) C'est ce qu'on verra d'une maniere plus sensible en jettant les yeux sur

---

(tt) *Selon M. Tartini, deux sons qui rendent l'unisson ou l'octave ne produisent point de troisieme son. Il est certain du moins que ce troisieme son ne peut point être entendu ; de même que dans la résonnance multiple du corps sonore on n'entend aucun son à l'octave ; mais ce troisieme son, pour ne point être entendu, en est-il moins produit ?*

la gamme suivante & sur son accompagnement.

Croches , *ut, re mi, fa sol, la za , si.*
Noires , *ut, mi, sol, za.*
Blanches, *ut, sol,*
Ronde , *ut.*

231. La fondamentale ne se fait donc pas également sentir dans tout le cours d'une mesure ; mais elle doit causer les mêmes impressions par intervalles, même lorsqu'il n'y a point d'accompagnement. En effet si, comme nous l'avons déja dit, tout chant porte avec lui son accompagnement, qui n'a pas besoin d'être exprimé pour être senti ; si plusieurs sons entendus de suite produisent d'autres sons, ou du moins nous donnent le sentiment d'autres sons plus graves qu'eux ; ces sons ne peuvent être que ceux qui se trouvent dans les octaves inférieures de notre échelle. La quatrieme octave de l'échelle harmonique chantée seule doit donc faire à peu

près fur nous les mêmes effets qu'elle feroit avec l'accompagnement que nous avons décrit ; & fi cet accompagnement nous donne le fentiment de la mefure, nous devons l'avoir également fans cet accompagnement, puifque cet accompagnement eft toujours fenti, quoiqu'il ne le foit point d'une maniere très-diftincte.

232. La fondamentale eft donc à peu près auffi fenfible dans la mélodie que dans l'harmonie ; mais pourquoi fes impreffions doivent-elles être régulieres ? Pourquoi fans cette régularité le plaifir eft-il anéanti ? Je fens combien il eft difficile de répondre à cette queftion d'une maniere bien fatisfaifante ; ce n'eft point un Traité de Métaphyfique que l'on doit attendre de moi, & il n'y a peut-être point de raifons phyfiques qui puiffent y fatisfaire. Je vais cependant hazarder de préfenter au lecteur les idées que la réflexion m'a fuggérées : quoique fujettes à bien des difficultés

difficultés, elles pourront cependant lui faire entrevoir la route qu'il faut tenir, pour trouver une solution plus heureuse que la mienne.

233. Si une suite de sons rappelle un autre son plus grave que ceux qui la composent, il s'ensuit qu'il doit y avoir un certain rapport entre la durée de cette suite de sons & la durée du son fondamental. Or, si ce rapport existe, la valeur ou la durée du son fondamental doit être directement comme le nombre des notes qui composent le genre ou le mode dans lequel on exécute. Ainsi dans le genre diatonique, la valeur de la fondamentale doit être huit fois plus grande que la valeur d'une seule des notes de ce genre, ou plutôt l'impression de la fondamentale doit durer elle seule autant de temps qu'il en faut pour rendre toute une octave quelconque. Cette impression doit donc se renouveller toutes les fois que

le chant a eu la durée de toutes les notes d'une octave quelconque ; & c'est peut-être cette impression renouvellée régulièrement qui nous donne le sentiment de la mesure. On voit effectivement par la maniere dont nous avons noté l'échelle harmonique, (230) maniere qui paroît la plus conforme à l'intention de la nature, puisque la valeur des notes de chaque octave est réciproquement comme le nombre des notes qui la composent ; l'on voit, dis-je, que la durée de la fondamentale doit être égale à la durée de toutes les notes de chacune des autres octaves, & par conséquent que l'impression de cette fondamentale doit se renouveller toutes les fois que le chant a eu la durée d'une octave. On pourroit donc dire que ce que l'on doit entendre par une mesure, est la durée d'une octave.

234. Si nous ne nous sommes point trompés dans ce que nous venons de dire, il faudra conclure que la mesure d'un chant sera très-

marquée, quand la valeur des notes de la basse aura avec celle des notes du dessus le rapport nécessaire, pour que la fondamentale soit rappellée régulièrement. C'est-à-dire, quand les notes de la basse qui seront prises dans une octave inférieure à celle où se trouvent les notes du dessus, auront aussi une valeur double de ces dernieres. Sans cela il n'y a point de mesure bien exacte à espérer. La piece aura un mouvement, mais ce mouvement n'étant point régulier, ne produira aucun effet bien sensible. Et c'est peut-être la raison pour laquelle un air chanté sans accompagnement, laisse souvent mieux sentir sa mesure, qu'avec tout l'accompagnement qu'on lui avoit d'abord donné.

235. Ce que nous venons de dire, ne regarde que la mesure à quatre temps ou à deux temps. Car ces deux mesures sont composées du même nombre de notes dans la musique moderne, & par conséquent ne doivent être

considérées que comme une même mesure dont le mouvement est ralenti ou accéléré. En laissant aux notes de l'échelle harmonique les valeurs que nous leur avons données, il ne seroit pas possible d'expliquer comment la mesure à trois temps se fait sentir aussi régulierement que la mesure à quatre temps. Mais si l'on altere ces valeurs, alors on trouvera que les impressions que nous éprouvons dans la mesure à trois temps, peuvent se déduire des mêmes raisons par lesquelles nous avons expliqué l'effet que doit avoir la mesure à quatre temps.

236. Notons par trois noires les trois notes, *sol*, *ut*, *mi*, qui forment dans l'échelle harmonique la premiere octave du mode de *sol*; les notes de l'octave suivante seront notées par des croches ; celles de la troisieme octave par des doubles croches, &c. Que trois instrumens exécutent ensemble ces trois octaves ainsi notées, l'on sentira que

(Note: the fractions $\frac{1}{3}$, $\frac{1}{4}$, $\frac{1}{5}$ appear above *sol*, *ut*, *mi*.)

sur la Théorie de la Musique. 293

l'on fera dans une mesure à trois temps, dont voici la division & l'accompagnement.

DOUBLES CROCHES.

$\frac{1}{12}$; $\frac{1}{13}$, $\frac{1}{14}$, $\frac{1}{15}$, $\frac{1}{16}$; $\frac{1}{17}$, $\frac{1}{18}$, $\frac{1}{19}$, $\frac{1}{20}$; $\frac{1}{21}$, $\frac{1}{22}$, $\frac{1}{23}$

sol; *la, za, si, ut;* ✵ *re* ✵ *mi*; ✵ *fa* ✵

CROCHES.

$\frac{1}{6}$ $\frac{1}{8}$ $\frac{1}{10}$

sol; *za, ut; re, mi; fa*

NOIRES.

$\frac{1}{3}$ $\frac{1}{4}$ $\frac{1}{5}$

sol; *ut*; *mi*;

Il est clair que chacun des temps de cette mesure sera très-bien marqué ; il est de même clair, par l'expérience de M. Tartini, que l'accompagnement de ce mode rendra sensible la fondamentale *ut* ; & s'il existe un rapport de durée entre cette fondamentale & les notes du dessus, cette fondamentale devroit être notée par une blanche pointée. La fondamentale ne peut donc point avoir la même valeur de durée dans différentes mesures.

237. Il s'ensuivroit de cette distribution du mode de *sol* une chose qui paroîtra bien absurde à la plûpart des Musiciens ; c'est que

dans le mode de *mi*, la mesure devroit être de cinq temps, de sept dans le mode de *za*, de onze dans celui de *fa*, &c. Comment diront-ils, pourroit-on battre ces mesures sans être continuellement exposé à se tromper ? Qu'importe de quelle maniere on pourroit les battre, si elles n'avoient pas besoin d'être battues, si la mesure étoit tellement marquée par le chant même, qu'elle se fit toujours sentir. (*vv*)

(*vv*) *Non-seulement nous devons être convaincus par le sentiment, que tout chant, pour être agréable, doit être mesuré ; mais si nous consultons l'expérience, elle nous apprendra encore qu'il faut admettre au moins deux sortes de mesures, puisque toutes les différentes mesures de nos Musiciens se réduisent au moins à deux ; sçavoir, à la mesure à deux temps & à la mesure à trois temps. Si donc on est obligé de convenir qu'il doit y avoir deux especes de mesures, par quelle raison refuseroit-on d'en admettre un plus grand nombre, & de donner à chaque mode une mesure qui lui fût propre ? Il faudroit sans doute rejetter cette idée, si l'expérience lui étoit contraire ; mais ce n'est d'après l'expérience seule ou plutôt d'après une pratique assez longue, qu'il faudra s'y déterminer. Au reste, tous les modes me paroissent pouvoir aller sur une mesure à quatre temps, si l'on n'altere pas les notes de l'échelle harmonique dont ces modes sont composés. Par exemple,*

C'est assez sans doute nous être arrêté sur des idées qui paroissent avoir besoin d'être confirmées par des observations faites d'après une pratique longue & éclairée. Mais qui voudra jamais s'engager dans cette pratique ? Je suppose (ce que je suis très-éloigné de croire) que je ne me sois point trompé dans tout le cours de cet ouvrage, & que le systême de musique, qui est le fruit de ces recherches, soit le meilleur des systêmes possibles ; Quel est le Musicien qui voudroit se remettre sur les bancs, pour substituer à des principes qu'il a eu tant de peine à se rendre familiers, d'autres principes qui lui

---

l'échelle du mode de sol peut être distribuée ainsi :

    croches   *doubles croches.*

sol; la, za; si, *ut* ; ✖; *re*, ✖, *mi*, ✖; *fa*, ✖,

Il en est de même de tous les autres modes. Mais alors quel sera l'effet de la fondamentale dans ces modes ? Quel accompagnement leur donnera-t-on ? Pourquoi, comme dans les mesures précédentes, la finale de chaque temps ne sera-t-elle point une des principales notes du mode ? C'est ce que je ne vois pas, & ce qui me porte à croire que tout mode doit avoir une mesure qui lui soit particuliere.

coûteroient peut-être davantage à appliquer ? C'eſt ce qui m'engage à laiſſer pluſieurs choſes à deſirer ; elles ſeroient inutiles, tant qu'on ne ſuivra pas le ſyſtême que je crois avoir établi : ſi jamais on le met en pratique, elles s'offriront d'elles-mêmes à la ſuite des obſervations ; elles feront alors des impreſſions beaucoup plus fortes qu'elles n'en feroient de la maniere dont je pourrois les preſenter.

F I N.

APPROBATION

TABLE
DES CHAPITRES.

Chap. I. Ce que l'on peut savoir sur la nature du son, manieres d'exprimer ses différens dégrés. Pag. 1

Chap. II. Origine de la gamme ou échelle diatonique. 13

Chap. III. Comment on doit exprimer les intervalles. 19

Chap. IV. Examen de notre échelle ou de la corde divisée par la suite naturelle des nombres. 34

Chap. V. Preuves que l'échelle que nous proposons, est composée des sons dont la suite est la plus naturelle. 48

Chap. VI. Suite de notre échelle continuée au-delà de l'unité ou du son fondamental. 82

Chap. VII. Examen du système des modernes sur l'origine de leur échelle diatonique. 98

Chap. VIII. De l'échelle diatonique des Grecs. 124

Chap. IX. Examen de l'échelle diatonique des modernes. 150

Chap. X. Des Modes majeurs & de leur transposition. 176

P p

TABLE DES CHAPITRES.

CHAP. XI. De l'échelle du mode mineur; origine de ce mode. 201

CHAP. XII. Comment on doit considérer les modes. 218

CHAP. XIII. Des différens genres de Musique. 233

CHAP. XIV. De la Modulation. 59

CHAP. XV. Des consonnances & des dissonnances. 262

CHAP. XVI. De la mesure. 280

Fin de la Table.

APPROBATION.

EXTRAIT du Regiſtre de l'Académie Royale des Sciences, Belles-Lettres & Arts de Rouen, du Mercredi 15 Mars 1769.

MEſſieurs BALLIERE, Secrétaire des Sciences & Arts, & POULLAIN, Académicien titulaire, ont fait leur rapport d'un Ouvrage manuſcrit de M. JAMARD, Aſſocié adjoint de l'Académie, intitulé : *Recherches ſur la Théorie de la Muſique*. L'Académie, ayant entendu ce rapport, a jugé, conformément à l'avis de MM. les Commiſſaires, que cet Ouvrage eſt digne de l'impreſſion.

Signés, ROBERT DE SAINT VICTOR, Vice-Directeur, MAILLET DU BOULLAY, Secrétaire des Belles-Lettres, BALLIERE-DE-LAISMENT, Secrétaire des Sciences.

Je certifie le préſent conforme au Regiſtre. A Rouen ce 30 Juillet 1769.

ROBERT DE SAINT VICTOR, Secrétaire des Sciences.

APPROBATION DU CENSEUR ROYAL.

J'Ai lu, par l'ordre de Monſeigneur le Chancelier, un Ouvrage intitulé, *Recherches ſur la Théorie de la Muſique*, par M. JAMARD, Chanoine Régulier, &c. & il m'a paru que les idées & la méthode de l'Auteur étoient très-dignes de l'attention des connoiſſeurs en ce genre. A Paris ce 25 Septembre 1769.

L'Abbé DE LA CHAPELLE, Membre de la Société Royale de Londres.

PRIVILÉGE DU ROI.

LOUIS, par la grace de Dieu, Roi de France & de Navarre: A nos amés & féaux Conseillers, les Gens tenans nos Cours de Parlement, Maîtres des Requêtes ordinaires de notre Hôtel, Grand Conseil, Prévôt de Paris, Baillifs, Sénéchaux, leurs Lieutenans Civils, & autres nos Justiciers qu'il appartiendra. SALUT: Notre amé le sieur MERIGOT fils, Libraire, Nous a fait exposer qu'il desireroit faire imprimer & donner au Public un Ouvrage intitulé: *Recherches sur la Théorie de la Musique*, par M. JAMARD, Chanoine Régulier de sainte Geneviève: S'il Nous plaisoit lui accorder nos Lettres de Permission pour ce nécessaires. A CES CAUSES, voulant favorablement traiter l'Exposant, Nous lui avons permis & permettons par ces Présentes, de faire imprimer ledit Ouvrage autant de fois que bon lui semblera, & de le faire vendre & débiter par tout notre Royaume pendant le temps de trois années consécutives, à compter du jour de la date des Présentes. FAISONS défenses à tous Imprimeurs, Libraires & autres personnes de quelque qualité & condition qu'elles soient, d'en introduire d'impression étrangere dans aucun lieu de notre obéissance. A LA CHARGE que ces Présentes seront enregistrées tout au long sur le registre de la Communauté des Imprimeurs, & Libraires de Paris, dans trois mois de la date d'icelles, que l'impression dudit Ouvrage sera faite dans notre Royaume, & non ailleurs, en bon papier & beaux caracteres; que l'Impétrant se conformera en tout aux Réglemens de la Librairie, & notamment à celui du 10 Avril 1725, à peine de déchéance de la présente Permission; qu'avant de l'exposer en vente, le Manuscrit qui aura servi de copie à l'impression dudit Ouvrage, sera remis dans le même état où l'Approbation y aura été donnée, és mains de notre très-cher & féal Chevalier, Chancelier, Garde des Sceaux de France, le sieur DE MAUPEOU; qu'il en sera ensuite remis deux Exemplaires dans notre Bibliothéque publique, un dans celle de notre Château du Louvre, & un dans celle dudit sieur DE MAUPEOU; le tout à peine de nullité des Présentes. DU CONTENU desquelles Nous MANDONS & enjoignons de faire jouir ledit Exposant & ses ayans causes, pleinement & paisiblement, sans souffrir qu'il leur soit fait aucun trouble ou empêchement. VOULONS qu'à la copie des Présentes, qui sera imprimée tout au long au commencement ou à la fin dudit Ouvrage, foi soit ajoutée comme à l'original. COMMANDONS au premier notre Huissier ou Sergent sur ce requis, de faire pour l'exécution d'icelles tous actes requis & nécessaires, sans demander autre permission; & nonobstant clameur de haro, charte Normande & Lettres à ce contraires: Car tel est notre plaisir. DONNÉ à Fontainebleau le Mercredi 25e jour du mois d'Octobre l'an de grace mil sept cent soixante-neuf, & de notre régne le cinquante-cinquieme.

PAR LE ROI EN SON CONSEIL.

LE BEQUE.

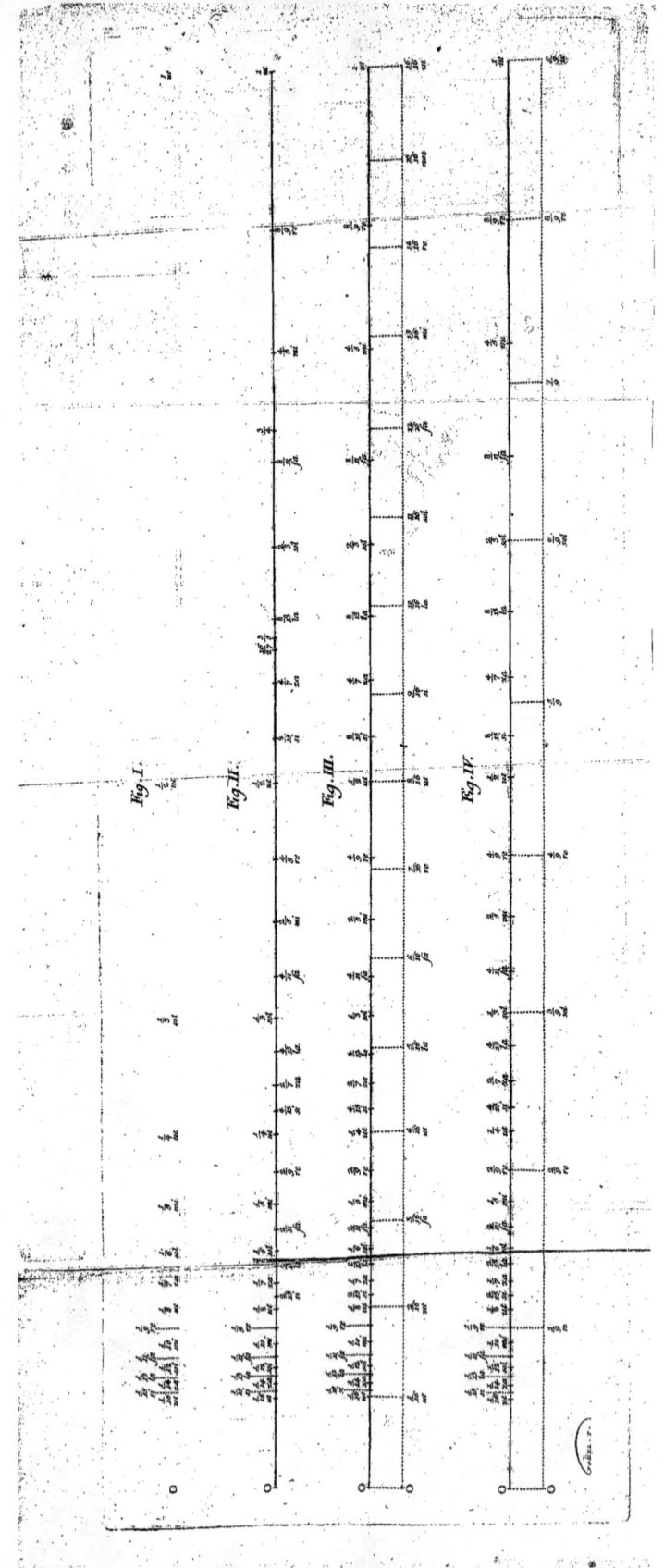

Contraste insuffisant
NF Z 43-120-14

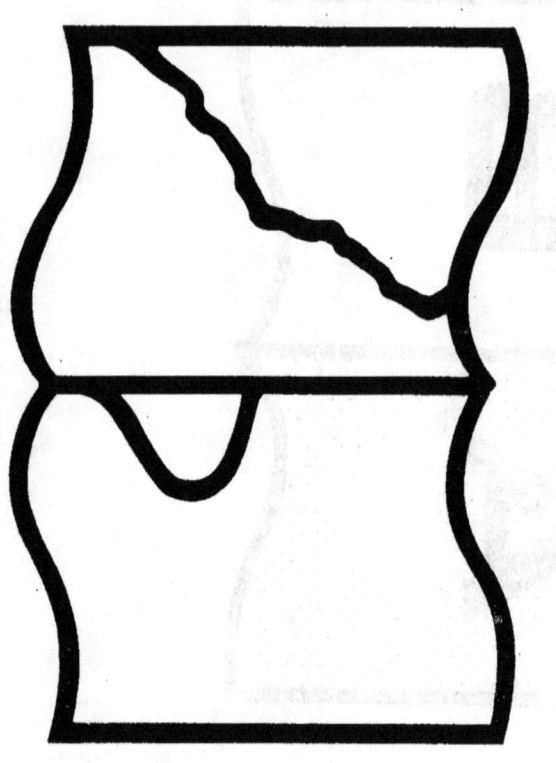

Texte détérioré — reliure défectueuse

NF Z 43-120-11

www.ingramcontent.com/pod-product-compliance
Lightning Source LLC
Chambersburg PA
CBHW060514170426
43199CB00011B/1442